COCINA CASERA JAPONESA

日本の家庭料理

COCINA CASERA JAPONESA

日本の家庭料理

100 recetas, técnicas y consejos para que cocines en casa como en Japón

家庭で出来る百の
オリジナルレシピ
とその作り方

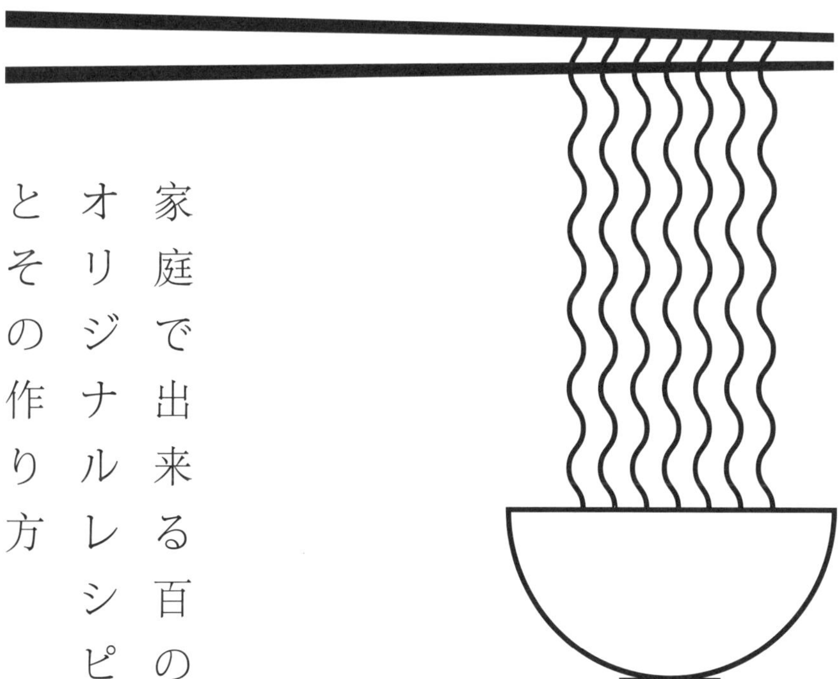

MAORI MUROTA
FOTOGRAFÍAS DE AKIKO IDA

cincotintas

Este libro trata de mi cocina cotidiana, basada en las recetas que aprendí observando cocinar a mi madre y a mi abuela y probando sus platos, que me dejaban la boca llena de sabor y de alegría. Te presentaré las recetas tradicionales de la cocina casera japonesa con las que crecí, además de recetas originales inspiradas en cocinas de otros países. Esta mezcla de tradición y de fusión es muy representativa de la cocina japonesa moderna.

Si entraras en una cocina en Japón, probablemente encontrarías aceite de oliva, nuoc cham, gochujang (pasta coreana de chiles rojos) o queso. La gastronomía extranjera nos despierta mucha curiosidad y no dudamos en adoptarla y en presentar novedades en la mesa. Al mismo tiempo, seguimos apegados a los frascos de conservas y de encurtidos nukazuke lactofermentados y agitados cada día en el recipiente de nukadoko, como hacían nuestras abuelas.

Se puede respetar la cocina casera tradicional a la vez que se cocina con una mente abierta que supera fronteras. Esta es mi versión de la cocina japonesa actual. Durante los últimos años, el nacimiento de mi hija y los confinamientos han transformado cómo entiendo la comida y ahora quiero cocinar platos japoneses en Francia usando más alimentos de proximidad, para minimizar el impacto sobre el medioambiente. Mi familia y yo pasamos el primer confinamiento en una pequeña isla francesa. Como era de esperar, encontré muy pocos productos japoneses en los comercios locales, así que empecé a preparar yo misma los fideos udon y la pasta para gyoza; a fermentar los tsukemonos, etc. Me quedé impresionada: el resultado era delicioso y el proceso no resultaba demasiado complicado.

Después de un primer periodo de pánico, tomé conciencia del placer de cocinar desde cero y de crearlo todo con las manos, como habían hecho mi madre y mi abuela. Ya no me preocupa no tener acceso a las tiendas de alimentación japonesas del barrio de la Ópera, en pleno centro de París: ¡ahora lo hago todo yo! Mi investigación en busca de ingredientes de calidad me ha permitido descubrir a apasionados productores franceses que producen miso, algas, legumbres japonesas, tofu… todo lo que creía que tendría que importar de Japón. Ahora se pueden cocinar platos japoneses en Francia de manera casi autónoma.

En el libro te presentaré mis recetas preferidas y cien por cien caseras: sushi y ramen, pero también miso, natto, anko y curris japoneses sin el rojo industrial. Cocinar en casa no solo es más sano, porque uno sabe exactamente qué mete en el plato, sino también muchísimo, pero que muchísimo más sabroso.

Aunque ahora soy prácticamente vegana, mi familia come de todo. Por lo tanto, cocino carne y pescado para ellos. Las recetas del libro proponen las máximas alternativas veganas, porque es posible cocinar platos japoneses deliciosos y de origen totalmente vegetal. Además, quiero poder compartir mis recetas con todo el mundo, con independencia de la religión o del tipo de alimentación de quienes las lean.

Espero que este libro inspire tu cocina cotidiana y que disfrutes preparando estos platos. Me encantaría que te ayudara a desarrollar tu propia versión de la cocina japonesa.

粉物

HARINA

Udon caseros

手打ちうどん

A

B

4 raciones
Preparación: 1 h
Reposo: de 1 h 30 min a 3 h 30 min
Cocción: 12 min

350 g de harina T55 (panificable)

50 g de fécula de maíz, de arrurruz en polvo o de fécula de tapioca

180 ml de agua filtrada

20 g de sal

Moldeado

fécula de patata o de maíz

Disuelve la sal en el agua. Tamiza la harina y la fécula. Añade despacio el agua con sal y amasa hasta obtener una textura quebradiza **(A)**. Forma una bola y comprímela bien. La pasta no será lisa. Envuélvela en un paño húmedo. Deja reposar entre 15 y 30 minutos a temperatura ambiente.

Pon una tabla de madera en el suelo, cúbrela con un paño húmedo, coloca la bola de masa encima y tápala con otro paño húmedo (o métela en una bolsa para alimentos resistente y lo bastante grande). Amasa con los pies: estírala a partir del centro y dando pequeños pasos hacia ambos lados (unos 50 pasos de media). Una vez esté bien lisa, pliega la masa en cuatro. Amásala de nuevo con los pies y repite todo el proceso una tercera vez. Cuando la masa esté bien plana, dobla los bordes hacia el centro y forma una bola **(B)**. Alisa los pliegues con los dedos para que quede una bola lisa. Dale la vuelta a la bola, de modo que la cara con el cierre quede debajo. Envuélvela con un paño y deja reposar a temperatura ambiente: 1 hora en verano, 2 horas en primavera y otoño, y 3 horas en invierno.

Espolvorea generosamente con fécula tanto la bola de masa como la tabla de madera. Apoya el rodillo de amasar en el centro de la bola (con el cierre hacia abajo) y avanza hacia

C

D

E

arriba para estirar la masa. Vuelve a apoyar el rodillo en el centro y ahora hazlo rodar hacia abajo. Gira la masa 90 grados y repite el proceso. Enrolla la masa alrededor del rodillo **(C)**, apriétala sobre el rodillo con las manos para afinarla y desenróllala. Repite la operación hasta que obtengas un cuadrado de 3 mm de grosor.

Espolvorea con la fécula una tabla de madera para cortar y ambas caras del cuadrado de pasta. Pliega la pasta en tres y corta fideos de 3 mm de ancho **(D)**. Sepáralos uno a uno y espolvoréalos con más fécula si es necesario. Deposítalos en hatillos sobre otra tabla **(E)**.

Lleva a ebullición una olla grande con agua. Sacude con cuidado los fideos para que se desprenda el exceso de fécula y mételos en el agua. Remueve con palillos para evitar que se peguen. Baja el fuego y cuece la pasta unos 12 minutos. Para comprobar el punto de cocción, saca un fideo, sumérgelo en agua fría y muérdelo: si el interior es translúcido, está cocido. Escúrrelos y enjuágalos bajo el grifo de agua fría, para eliminar el almidón.

CONSERVACIÓN DE LOS FIDEOS CRUDOS

3 días en un recipiente hermético en el frigorífico y 1 mes en una bolsa en el congelador.

Mentsuyu

(SALSA PARA FIDEOS)

めんつゆ

Salen 600 ml de salsa
Preparación: 5 minutos
Cocción: 5 minutos

Mentsuyu clásico

200 ml de salsa de soja
100 ml de sake
100 ml de agua
200 ml de mirin
10 g de alga kombu seca
10 g de virutas de katsuobushi (bonito seco)

Mete todos los ingredientes en una cazuela. Lleva a ebullición, baja el fuego y deja hervir a fuego bajo 5 minutos. Espera a que se enfríe y retira el alga kombu y el katsuobushi. Maja el katsuobushi en la salsa para extraer hasta la última gota de sabor.

TRUCOS

La salsa se conservará 10 días en un frasco hermético en el frigorífico.

—

No tires el alga kombu y el katsuobushi. Los puedes transformar en deliciosos condimentos para arroz y usarlos para preparar onigiris (p. 74).

Salen 600 ml de salsa
Preparación: 5 minutos
Reposo: 1 noche
Cocción: 5 minutos

Mentsuyu shojin VEGANO

200 ml de salsa de soja
100 ml de sake
100 ml de agua
200 ml de mirin
10 g de alga kombu seca
100 g de setas shiitake secas

Mete todos los ingredientes en un tarro o recipiente hermético y déjalos reposar una noche en el frigorífico, para que el alga kombu y las setas shiitake se infusionen poco a poco.

Vierte todos los ingredientes en una cazuela, lleva a ebullición, baja el fuego y deja hervir a fuego bajo 5 minutos. Deja enfriar.

TRUCO

También puedes preparar los condimentos (véase la receta de furikake, p. 167). Las setas shiitake rehidratadas en la salsa son perfectas como acompañamiento de los fideos somen (p. 34).

Estas recetas te serán muy útiles si te gustan los fideos. Con solo diluir la preparación en un poquito de agua, obtendrás una salsa, y, si la diluyes en agua caliente, tendrás una base ideal para una sopa reconfortante.

Udon con caldo de pato

鴨南蛮つけうどん

4 raciones
Preparación: 10 min
Cocción: 25 min

200 g de magret de pato de granja

1 puerro

1 cucharadita de aceite de girasol

320-400 g de fideos udon secos o frescos (p. 12)

300 ml de mentsuyu (p. 14)

500 ml de agua

Guarnición

4 cm de rábano daikon (o ½ rábano negro), pelado y rallado

10 g de jengibre fresco, pelado y rallado

1 lámina de alga nori, partida en trocitos

1 cebolleta, en rodajas finas

Corta el magret de pato en lonchas de 1 cm de grosor y el puerro en trozos de 3 cm de largo. Calienta el aceite en una cazuela y soasa las lonchas de pato 1 minuto por cada lado. Sácalas de la cazuela y reserva. Sofríe el puerro (sin que se haga del todo) en la misma cazuela 1 minuto a fuego medio. Añade el agua y el mentsuyu, y cuece unos 5 minutos. Justo antes de servir, vuelve a meter el pato en la cazuela y cuécelo 1 minuto.

Cuece los fideos udon en una cazuela con abundante agua y siguiendo las instrucciones del fabricante (udon secos) o según la receta de la p. 13 (udon caseros). Escúrrelos bien y enjuágalos en agua fría.

Reparte los fideos udon en 4 platos o en un canasto de bambú trenzado (zaru). Vierte la salsa caliente en cuencos y sírvela junto al rábano y el jengibre rallados, los trocitos de alga nori y la cebolleta en rodajas. Unta los fideos udon en la salsa y a disfrutar.

TRUCO

Al final de la comida, puedes diluir la salsa en agua hirviendo y beberla como una sopa. La salsa también está deliciosa con fideos soba. En ese caso, dilúyela en el agua de cocción.

VERSIÓN VEGANA

Sustituye el pato por 150 g de setas en trozos grandes. A mí me gusta especialmente la mezcla de setas de ostra y setas shiitake.

Udon con espinacas

VEGANO

Y MENTA

ほうれん草の幅広麺

4 raciones
Preparación: 45 min
Reposo: de 30 min a 1 h
Cocción: 3 min

- 125 g de espinacas frescas
- 350 g de harina de trigo T55 (panificable)
- 10 g de sal
- 50 g de fécula de patata o de tapioca

Condimentación

- 1 diente de ajo, picado
- 2 pizcas de azúcar sin refinar
- 1-2 cucharadas de chile en polvo (opcional)
- 4 cucharadas de aceite vegetal neutro
- 4 cucharadas de salsa tamari (o de soja)
- 2 cucharadas de vinagre negro chino
- 1 puñado de hojas de menta, picadas en trozos grandes
- algunas hojas de kale, troceadas
- 20 g de nueces, picadas en trozos grandes

Blanquea 1 minuto las espinacas en una olla con agua hirviendo, escúrrelas bien y tritúralas con una batidora de mano. Añade agua fría hasta que obtengas 200 ml de líquido de espinacas. Mezcla en una ensaladera la harina, la fécula y la sal. Incorpora progresivamente el agua de espinacas y sigue amasando con los dedos para que la preparación se humedezca de manera uniforme y hasta que obtengas una textura quebradiza, como una masa de *crumble*. Amasa 10 minutos, hasta que no queden trocitos de masa pegados a la superficie de la ensaladera y la masa sea más lisa. Envuélvela en un paño húmedo. Deja reposar entre 30 minutos y 1 hora a temperatura ambiente.

Estira la masa siguiendo las instrucciones de la receta de fideos udon (p. 12) o con ayuda de una máquina para hacer pasta. Si usas la máquina, forma una bola con la masa y córtala en 4 trozos iguales. Espolvoréalos con fécula por todos los lados. Pasa los trozos uno a uno por la máquina, en la posición más ancha. Reduce progresivamente el grosor a cada pasada, hasta que obtengas una masa de unos 2-3 mm de grosor (en mi máquina, hago pasadas en la posición 0, 2, 4 y 5). Ahora, córtala longitudinalmente en bandas de 2 cm de ancho con ayuda de un cuchillo afilado.

Llena una olla grande de agua y llévala a ebullición. Vierte los fideos y cuécelos unos 3 minutos. Escúrrelos y pásalos a un bol o a un plato grande. Añade el ajo, el azúcar y el chile en el centro de los fideos. Calienta el aceite en una cazuela pequeña, hasta que empiece a humear (importante: apaga el fuego en cuanto empiece a humear). Vierte el aceite caliente sobre el ajo, el azúcar y el chile. Añade el tamari, el vinagre y la mitad de la menta y de la kale. Remueve bien.

Reparte los fideos en platos individuales y espolvorea por encima el resto de la menta y de la kale. Consúmelos inmediatamente.

Ramen

手打ち中華麺

A

B

4 raciones
Preparación: 1 h
Reposo: de 1 h 30 min a 3 h 30 min + 1 o 2 días
Cocción: de 1 min a 1 min 30 s

- 350 g de harina T55 (panificable)
- 50 g de fécula de maíz, de arrurruz en polvo o de fécula de tapioca
- 175 ml de agua filtrada
- 4 g de sal
- 4 g de bicarbonato sódico

Moldeado

- fécula de patata o de maíz

Disuelve la sal en el agua. Tamiza la harina y la fécula sobre una ensaladera. Añade poco a poco el agua con sal y amasa con los dedos hasta que obtengas una textura quebradiza. Forma una bola con la pasta y comprime bien con las manos. A estas alturas, la pasta no será lisa. Envuélvela en un paño húmedo. Deja reposar entre 15 y 30 minutos a temperatura ambiente. Pon una tabla de madera en el suelo, cúbrela con un paño húmedo, pon la bola de masa encima y tápala con otro paño húmedo (o métela en una bolsa para alimentos resistente y lo bastante grande). Amasa con los pies: estírala a partir del centro y dando pequeños pasos hacia ambos lados (unos 50 pasos de media). Una vez esté bien lisa, pliega la masa en cuatro. Amásala de nuevo con los pies y repite todo el proceso cuatro veces en total. Cuando la masa esté bien plana, dobla los bordes hacia el centro y forma una bola. Alisa los pliegues con los dedos para que quede una bola lisa. Dale la vuelta a la bola, de modo que la cara con el cierre quede debajo. Envuélvela con un paño y deja reposar a temperatura ambiente: 1 hora en verano, 2 horas en primavera y otoño y 3 horas en invierno.

No enharines todavía la superficie de trabajo. Corta la masa en cuatro trozos iguales y estíralos con un rodillo hasta

C

D

E

que las láminas tengan 1 cm de grosor **(A)**. Ahora, pasa todas las láminas por una máquina para hacer pasta en la posición más ancha. Vuelve a doblar las láminas por la mitad y pásalas de nuevo por la máquina **(B)**. Repite el proceso para que el gluten se desarrolle bien. Espolvorea la masa con fécula por todos los lados. Reduce progresivamente el grosor de la masa a cada pasada, hasta que obtengas una masa de unos 2-3 mm de grosor (en mi máquina, hago pasadas en la posición 0, 2, 4 y 5). Corta cada lámina longitudinalmente por la mitad. Ahora tendrás 8 láminas. Coloca la manivela para cortar fideos más fina y pasa todas las láminas **(C)**. Forma ovillos **(D)**. ¡Los fideos ramen ya están listos!

Si quieres fideos ondulados, depositálos sobre la superficie de trabajo, espolvoréalos con fécula y apriétalos con ambas manos. Sepáralos y repite **(E)**.

Guarda los fideos en un recipiente hermético, cúbrelos con papel de horno, cierra el recipiente y déjalos reposar 1 o 2 días en el frigorífico antes de consumirlos. Así, mejora la textura y el sabor.

Cocción

Llena de agua una olla grande y llévala a ebullición. Viértelos y cuécelos entre 1 minuto y 1 minuto 30 segundos. Escúrrelos.

Shoyu ramen

(RAMEN AL ESTILO DE TOKIO)

醤油ラーメン

4 raciones
Preparación: 15 min
Cocción: 5 min

- 280-320 g de fideos ramen secos o frescos (p. 20)
- 1,6 l de caldo de carne para ramen (p. 24)

Condimentación

- 180 ml de adobo del chashu (p. 25)
- 1 cucharada de salsa de ostras
- 2 cucharadas de levadura de cerveza
- sal

Guarnición

- 2 puñados de brotes de judías mungo (o soja verde), blanqueados 1 minuto en agua hirviendo y bien escurridos
- 4 huevos camperos para los ajitsuke tamago (p. 25), cortados por la mitad
- 8 lonchas de cerdo chashu (p. 25)
- 1 cebolleta, en rodajitas
- ½ lámina de alga nori seca cortada en 4 rectángulos
- pimienta
- rayu (opcional) (p. 139)

Prepara la sopa. Vierte en una olla el caldo, el adobo del chashu, la salsa de ostras y la levadura de cerveza. Calienta a fuego medio y corrige el sabor con un poco de sal.

Cuece los fideos en una olla grande de agua hirviendo y según las indicaciones del fabricante o siguiendo la receta de la p. 21. Escúrrelos bien y repártelos en 4 cuencos grandes. Añade la sopa caliente y la guarnición y consume inmediatamente.

TRUCO

Si compras «fideos chinos» en una tienda de alimentación asiática, elige fideos finos y ligeramente amarillos. Eso sí, si los haces en casa, quedarán muchísimo mejor.

Caldo de carne

ラーメンスープ

4 raciones
Preparación: 30 min
Reposo: de 2 h a 1 noche
Cocción: 2 h 30 min

Dashi concentrado

500 ml de agua

5 g de alga kombu seca

10 g de virutas de katsuobushi (bonito seco)

Adobo del chashu

150 ml de salsa de soja

2 cucharadas de sake

1 cucharada de mirin

1 cucharada de azúcar sin refinar

1 lámina de alga kombu seca de 5 × 5 cm

Ajitsuke tamago (huevos pasados por agua para ramen)

4 huevos camperos, sacados a temperatura ambiente con al menos 30 min de antelación

Caldo

2 l de agua

500 g de paleta de cerdo asada, desmenuzada

4 alas de pollo de granja

½ cebolla, cortada por la mitad

½ zanahoria, en rodajas de 2 cm

1 seta shiitake seca

1 hoja de puerro

100 ml de sake

2 trozos de 5 mm de jengibre fresco, con la piel

2 dientes de ajo

Prepara el dashi concentrado. Deposita en una olla el agua, el alga kombu y el katsuobushi, y lleva a ebullición. Deja hervir a fuego bajo 10 minutos. Retira del fuego y deja enfriar. Escurre y maja el katsuobushi para extraer hasta la última gota de jugo.

Vierte todos los ingredientes del adobo en una bolsa de congelador de cierre fácil lo bastante grande para meter el cerdo.

Lleva a ebullición un cazo de agua y cuece los huevos 6 minutos y medio. Retíralos del fuego y sumérgelos en agua fría para detener la cocción. Espera a que se enfríen y pélalos. Sumérgelos 1 minuto en un cuenco lleno de agua para que pierdan el olor a huevo. Escúrrelos.

Prepara el caldo. Blanquea las alas de pollo y la carne de cerdo 1 minuto en una olla de agua hirviendo. Escurre. En una olla grande, vierte el agua para el caldo y añade la carne, la cebolla, la zanahoria, las setas shiitake, el puerro, el sake, el jengibre y el ajo. Lleva a ebullición a fuego medio y, entonces, reduce a fuego bajo. Tapa parcialmente la olla (deja un espacio de unos 5 mm) y deja hervir a fuego bajo 1 hora 30 minutos. Al cabo de 1 hora, retira el cerdo y deja que se enfríe. Añade el dashi concentrado y prolonga la cocción a fuego bajo y con la olla destapada 45 minutos más. Filtra. Obtendrás aproximadamente 1,6 litros de caldo.

Mete el cerdo y los huevos pasados por agua en la bolsa del adobo, extrae el máximo aire posible antes de cerrarla y deja adobar al menos 2 horas, e idealmente toda una noche, en el frigorífico.

TRUCOS

¡Sería una pena tirar las tiernísimas alas de pollo! Condiméntalas con un poco de salsa de soja, aceite de sésamo tostado y vinagre de arroz y alguna hierba (como cilantro o cebollino). ¡Quedarán deliciosas!

—

¡No tires nunca el katsuobushi ni el alga kombu! Podrás aprovecharlos para preparar furikake (p. 167).

—

Puedes usar el chashu también para el chimaki (p. 80). Bastará con que prepares 100 g de carne de cerdo adicionales (se congela muy bien).

Ramen vegano

VEGANO

CON TRES TIPOS DE SETAS
Y ACEITE AROMÁTICO

精進ラーメン

4 raciones
Preparación: 20 min
Cocción: 20 min

Sopa

- 100 g de setas enoki
- 60 g de setas de ostra
- 10 g de setas shiitake secas y rehidratadas en el caldo vegano (p. 28)
- 1 diente de ajo, picado
- 2 cucharadas de aceite vegetal neutro
- caldo vegano para ramen (p. 28)
- 4 cucharadas de salsa de soja
- 3 cucharadas de mirin
- 3 cucharadas de levadura de cerveza
- sal

Aceite aromatizado (negiabura) 葱油

- 2 cebolletas, en rodajitas
- 5 g de jengibre fresco, pelado y picado
- 1 diente de ajo, picado
- 1 chile rojo grande (pimiento de Espelette o chile chino), en rodajas de 1 cm
- 150-200 ml de aceite de girasol o de sésamo de primera presión en frío

Ramen

- 320 g de fideos ramen secos o caseros (p. 20)
- 2 pak choi (bok choy), cortados longitudinalmente en cuatro
- pimienta

Prepara la sopa. Lava las setas enoki, córtales los pies y deshiláchalas en trozos gruesos. Separa las setas de ostra y córtales los pies. Corta en cuatro las setas shiitake. Calienta el aceite y el ajo picado a fuego medio en una cazuela. Cuando el ajo empiece a despedir aromas, añade las setas y saltéalas 1 minuto o hasta que se cuezan. Vierte el caldo, la salsa de soja, el mirin y la levadura de cerveza, y tapa. Una vez haya roto a hervir, reduce a fuego bajo y mantén la cocción 10 minutos. Comprueba el punto de sal y ajusta con 1 o 2 cucharaditas de sal, al gusto.

Prepara el negiabura. Deposita en una sartén o en un cazo pequeño la cebolleta, el jengibre, el ajo y el chile. Añade el aceite de modo que los ingredientes queden bañados en él, pero sin que los cubra. Calienta a fuego medio. Cuando el aceite empiece a burbujear, reduce a fuego bajo y prolonga la cocción 3 minutos, removiendo de vez en cuando. Cuando la cebolleta se haya dorado, filtra el aceite. Reserva la cebolleta y el chile fritos, que podrás aprovechar como condimento.

Prepara el ramen. Cuece los fideos en una olla grande con agua hirviendo y según las instrucciones del fabricante o de la receta de la p. 21. Un minuto antes del fin de la cocción, añade el pak choi (bok choy) a la olla y cuécelo 1 minuto. Escurre primero la verdura y luego la pasta.

Sirve los fideos en boles individuales grandes, dispón el pak choi (bok choy) encima, riega con el caldo de setas y agrega 1 o 2 cucharaditas de negiabura. Añade la pimienta y consume inmediatamente.

TRUCO

Me encanta regar el tofu con negiabura y salsa de soja y esparcir por encima cebolleta y chile fritos. El aceite queda muy aromatizado y es ideal con toda la pasta.

Caldo de verduras

VEGANO

精進ラーメンスープ

4 raciones
Preparación: 10 min
Reposo: 1 noche
Cocción: 45 min

- 10 g de alga kombu seca
- 10 g de setas shiitake secas
- 2,4 l de agua filtrada
- 160 g de restos de verdura (peladuras de zanahoria, tallos de brócoli, tronco de col, hojas exteriores de repollo chino, pies de setas...)
- 1 cebolla pequeña, en cuartos
- 1 hoja de puerro
- 5 g de jengibre fresco
- 2 dientes de ajo

Vierte 1 litro de agua filtrada en un recipiente y añade el alga kombu y las setas shiitake. Deja infusionar toda una noche (o 2 horas en agua hirviendo, pero quedará más bueno si lo dejas infusionar toda la noche en agua fría). Pasa el alga kombu y las setas shiitake a una cazuela. Añade 1,4 litros de agua filtrada, los restos de verduras, la cebolla, la hoja de puerro, el jengibre y el ajo. Lleva a ebullición a fuego medio, tapa parcialmente, dejando un espacio de 5 cm, y deja hervir a fuego bajo 40 minutos. Filtra el caldo.

TRUCO

Guarda en el congelador restos de verduras en una bolsa de cierre fácil. Así podrás preparar este caldo en cualquier momento.

Hiyashi tantanmen

VEGANO

(FIDEOS FRÍOS CON SOPA DE BEBIDA DE SOJA)

豆乳冷やし坦々麺

4 raciones
Preparación: 25 min
Cocción: 20 min

320 g de fideos chinos secos o 4 raciones de fideos para ramen (p. 20)

400 ml de bebida de soja

400 ml de shojin dashi (p. 122)

Condimentos para la sopa

2 cucharadas de salsa de soja

4 cucharadas de miso blanco

4 cucharadas de pasta de sésamo

½-1 cucharaditas de sal

Guarnición

algunas hojas de cilantro

semillas de sésamo

2 puñados de hojas de espinacas

rayu (p. 139)

Ragú vegano especiado

150 ml de shojin dashi (p. 122)

50 g de proteína de soja, rehidratada (en trocitos) (peso después de la rehidratación)

las setas shiitake rehidratadas del shojin dashi (p. 122)

½ cebolla amarilla

2 cm de jengibre fresco

1 diente de ajo

100 g de champiñones

20 g de nueces, picadas

2 cucharadas de aceite vegetal neutro

2 cucharadas de miso blanco

1-1,5 cucharadas de azúcar sin refinar

1 cucharada de mirin (o 1 cucharadita de azúcar o 1 cucharadita de azúcar + 1 cucharada de sake)

1 cucharadita de aceite de sésamo

sal

Ragú vegano especiado

Rehidrata la proteína de soja siguiendo las instrucciones del fabricante. Pela la cebolla, el jengibre y el ajo, y pícalos finamente. Corta los pies de las setas shiitake secas. Pica las setas shiitake y los champiñones.

Calienta 2 cucharadas de aceite a fuego medio-alto en una cazuela. Añade el jengibre y el ajo picados antes de que el aceite se haya calentado del todo. Cuando empiece a despedir aromas, añade la cebolla también. Saltea unos 2 minutos. Añade los champiñones y saltéalos hasta que estén hechos y tiernos. Añade la proteína de soja, el dashi, el miso, la salsa de soja, el azúcar y el mirin. Remueve constantemente para que el líquido se evapore. Cuando se haya evaporado casi del todo, incorpora las nueces picadas y el aceite de sésamo para aromatizar. Comprueba el punto de sal y corrige si es necesario.

¡Me encanta este ragú! Se puede servir con pasta italiana, arroz japonés e incluso ensalada. Lo preparo en grandes cantidades y lo utilizo como acompañamiento de todo.

Sopa

Blanquea las hojas de espinaca 1 minuto en una olla llena de agua ligeramente salada. Sácalas del agua, espera a que se templen y apriétalas con cuidado para retirar el agua sobrante.

En una ensaladera, diluye bien los condimentos, excepto la sal, en un poco de shojin dashi. Añade la bebida de soja y el resto del dashi. Comprueba el punto de sal y corrige si es necesario.

Recalienta el ragú vegano especiado a fuego bajo en una cazuela.

Cuece los fideos en una olla grande llena de agua, siguiendo las instrucciones del fabricante. Escúrrelos en un colador y enjuágalos bajo un chorrito de agua. Aprieta los fideos con la mano para que se escurran del todo.

Reparte la sopa, los fideos y la guarnición en 4 boles grandes. Riégalos con el rayu. Consume inmediatamente.

TRUCO

Este plato se puede comer caliente, basta con recalentar la sopa. En este caso, añade 100 ml de bebida de soja y 50 ml de dashi y un poco más de sal si lo consideras necesario. Recaliéntala muy poco a poco para evitar la ebullición, que modificaría la textura. Una vez hayas cocido los fideos, no los enjuagues y mételos inmediatamente en la sopa caliente.

—

El ragú vegano especiado se conservará 3 días en el frigorífico y se puede congelar.

Soba frescos con hueva

カラスミ蕎麦

4 raciones
Preparación: 5 min
Cocción: 5-10 min

280 g de fideos soba secos

Salsa

240 ml de mentsuyu (p. 14)

120 ml de agua

Guarnición

2 cucharadas de aceite de oliva virgen extra

¼ de yuzu (o de bergamota o de limón), en cuartos

120 g de rábano daikon

25 g de hueva (o más, al gusto)

Pela y ralla el rábano daikon. Corta la hueva en 8 rodajas finas. Mezcla en un bol el mentsuyu y el agua para elaborar la salsa.

Cuece los fideos soba siguiendo las instrucciones del fabricante. Escúrrelos en un colador y enjuágalos bien bajo un hilo de agua corriente, removiéndolos con la mano, para retirar el almidón. Apriétalos con cuidado para escurrirlos del todo.

Mezcla la salsa, el aceite de soja y los fideos. Distribúyelos en 4 platos y reparte por encima el rábano rallado, las rodajas de hueva y los cuartos de yuzu. Justo antes de servir, exprime el yuzu (opcional) y esparce por encima un poco de hueva rallada.

Somen

茄子素麺

粉物

4 raciones
Preparación: 15 min
Cocción: 15 min

320 g de fideos somen

Salsa

200 ml de mentsuyu (p. 14) (o mentsuyu shojin, para una versión vegana)

200 ml de agua

Guarnición A

200 g de berenjena

2 cucharaditas de aceite

1 cucharada de agua

1 cucharadita de mentsuyu

Guarnición B

120 g de pepino

Guarnición C

1 huevo

½ cucharadita de azúcar sin refinar

1 cucharadita de aceite

Guarnición D

2 setas shiitake frescas +
1 cucharadita de aceite +
1 cucharadita de mirin +
1 cucharadita de salsa de soja

o

2 setas shiitake del mentsuyu shojin (p. 14)

Guarnición E

1 cebolleta, picada

Guarnición F

20 g de jengibre fresco, pelado y rallado

Guarnición G

5 hojas de shiso picadas

Prepara la guarnición A. Lava la berenjena y córtala en rodajas finas. Calienta el aceite en una sartén y pocha la berenjena. Añade el agua, tapa la sartén y cuece a fuego medio. Cuando la berenjena esté tierna, añade el mentsuyu y mantén al fuego 30 segundos.

Prepara la guarnición B. Lava el pepino y córtalo longitudinalmente por la mitad. Retira las pepitas y corta en juliana las mitades de pepino.

Prepara la guarnición C. Bate el huevo y el azúcar en un bol con una batidora de mano. Calienta el aceite en una sartén y vierte el huevo batido para preparar una tortilla francesa fina como un crepe. Cuando la superficie haya cuajado, dale la vuelta y mantén al fuego 10 segundos. Pasa la tortilla a un plato, córtala en tres bandas y luego en láminas muy finas.

Prepara la guarnición D. Corta en láminas muy finas las setas shiitake frescas y póchalas en el aceite 2 minutos, añade el mirin y la salsa de soja, y remueve. Para una versión vegana, corta los shiitake del mentsuyu shojin en láminas muy finas.

Dispón las guarniciones en platos individuales de los que cada comensal se pueda servir al gusto. Para la salsa, mezcla el mentsuyu y el agua, y reparte en cuatro boles.

Una vez lo tengas todo listo, cuece los fideos somen en abundante agua hirviendo, siguiendo las instrucciones del fabricante. Escúrrelos en un colador grande, enjuágalos bien bajo el grifo de agua fría para eliminar el almidón, que habrá formado una película pegajosa sobre los fideos, y escúrrelos bien. Deposítalos en una fuente grande o en un zaru (en este caso, acuérdate de poner un plato debajo). Cómelos inmediatamente, empapando los fideos en la salsa y acompañando cada bocado de las distintas guarniciones.

TRUCOS

El tiempo de cocción de los fideos somen es muy corto y se han de consumir inmediatamente, para poder disfrutar su textura al máximo. Por eso te aconsejo que prepares todas las guarniciones antes de cocerlos.

—

Para escurrir el somen, evita los coladores clásicos para la pasta italiana, porque el agua con el almidón se quedará en el fondo (véanse los utensilios en las pp. 256-257)

VERSIÓN VEGANA

Prescinde de la tortilla francesa y utiliza mentsuyu shojin.

Ensalada de soba

VEGANO

CON MANTEQUILLA DE CACAHUETE Y CILANTRO

蕎麦サラダ

4 raciones
Preparación: 10 min
Cocción: 5-10 min

280 g de fideos soba secos

Salsa

6 cucharadas de mantequilla de cacahuete (o de pasta de sésamo o de cualquier otra crema de frutos de cáscara)

4 cucharaditas de azúcar sin refinar

6 cucharadas de salsa de soja

4 cucharadas de aceite de oliva virgen extra

el zumo de ½ limón ecológico

Guarnición

180 g de tupinambo

½ cebolla roja

100 g de champiñones

½ pepino

algunas hojas de rúcula (opcional)

algunas hojas de cilantro

Acabado

20 g de nueces y avellanas picadas

1 pizca de chile en polvo

aceite de oliva virgen extra

Mezcla en un bol todos los ingredientes de la salsa.

Pela el tupinambo y córtalo en rodajas de 3 mm de grosor. Corta la cebolla roja y los champiñones en láminas muy finas. Retira las pepitas del pepino y córtalo en juliana.

Cuece los fideos soba siguiendo las instrucciones del fabricante. Escúrrelos en un colador y enjuágalos bien bajo un hilo de agua fría, frotándolos con la mano para retirar el almidón, que habrá formado una película pegajosa sobre la superficie. Presiona ligeramente los fideos con la mano para escurrirlos del todo.

Reparte los fideos, la guarnición y la salsa en 4 boles (reserva algunos champiñones, hojas de rúcula y cilantro para la decoración). Mezcla bien. Esparce por encima las nueces y avellanas picadas, el chile en polvo, los champiñones, la rúcula y el cilantro. Riega con un chorrito de aceite de oliva.

Pasta para gyoza

手作り餃子の皮

A

B

4-6 raciones (salen 40 gyozas)
Preparación: 1 h
Reposo: de 30 min a 1 h
Cocción: 10 min

400 g de harina de trigo T55 (panificable)
1 cucharadita de sal
200 ml de agua caliente

Cocción en la sartén

aceite vegetal neutro
100 ml de agua
1 cucharadita de aceite de sésamo tostado

Relleno a elegir preparado con antelación

Véanse las páginas siguientes

Mezcla la harina y la sal en una ensaladera. Vierte el agua caliente y remueve con unos palillos chinos (o con un tenedor). La masa se parecerá a la de un *crumble*. Una vez templada, amasa con la mano para unir todos los trocitos y formar una bola **(A)**. Deposítala sobre la superficie de trabajo y amasa 10 minutos, hasta que la superficie de la masa se haya alisado completamente. Vuelve a formar una bola y alisa bien los pliegues con los dedos. Gira la bola para que el cierre quede debajo. Envuélvela en un paño húmedo y déjala reposar entre 30 minutos y 1 hora a temperatura ambiente. Separa la bola en dos salchichas y, luego, corta cada una en 20 trocitos* **(B)**. Mantén la masa bajo el paño húmedo para que no se seque mientras espera a que la cortes.

Enharina la superficie de trabajo con fécula y aplana los trozos de pasta con la mano. Entonces, sujeta el disco resultante en la mano izquierda y el rodillo de amasar con la derecha. Pasa el rodillo una vez, gira la masa 90 grados, vuelve a pasar el rodillo, vuelve a girar la masa 90 grados y repite hasta que obtengas un círculo **(C)**. El centro del disco ha de ser más grueso (2 mm) que los bordes (1 mm). Enharínalo por ambos lados y resérvalo bajo un trapo de cocina limpio. Repite la operación con todos los discos.

C

D

Deposita 1 cucharadita de relleno en el centro de cada disco. Humedece el perímetro del disco con el dedo. Para cerrar la gyoza, dobla el disco por la mitad sobre el relleno y pinza con los dedos pulgar y corazón el punto medio entre los bordes opuestos. Forma un pliegue en S **(D)** entre el centro pinzado y un extremo, y sigue sellando la masa entre los dos índices. Para terminar, cierra la S pinzando hasta la punta, y repite con el otro lado: obtendrás unos 5 o 6 pliegues. Deposita la gyoza sobre un plato y presiona ligeramente para que la parte inferior de la gyoza quede plana.

Cocción en la sartén

Lleva 100 ml de agua a ebullición. Pinta el fondo de una sartén (que tenga tapa hermética) con un papel de cocina empapado en 1 cucharada de aceite y calienta a fuego medio. Dora la parte inferior de las gyozas, sin que se toquen. Si es necesario, trabaja por tandas. Vierte 100 ml de agua hirviendo y tapa la sartén. Cuece 7-8 minutos a fuego medio-bajo. Si el agua se evapora antes del fin de la cocción, añade un poco más.

Retira la tapa y riega las gyozas con 1 cucharadita de aceite de sésamo tostado y prolonga la cocción 1 minuto más, hasta que la base de las gyozas adquiera un bonito tono dorado.

Cocción en agua**

Lleva a ebullición una olla grande llena de agua. Mete las gyozas en el agua hirviendo. Una vez asciendan a la superficie, cuécelas 4-5 minutos más. Escúrrelas.

Consúmelas inmediatamente, sea cual sea el método de cocción elegido.

**Para la fotografía, la he cortado en 16 trozos para que la técnica se vea mejor, pero las gyozas han de ser un poco más pequeñas.*

***Atención: si las gyozas no están bien cerradas, se abrirán en el agua.*

Rellenos para gyoza

餃子のタネ

Relleno de carne de cerdo 豚肉餃子

4-6 raciones (40 gyozas)
Preparación: 30 min
Remojo: 3 h

300 g de aguja de cerdo de granja, picada

7 g de setas shiitake secas

150 g de repollo puntiagudo o de repollo chino + ½ cucharadita de sal

1 diente de ajo, rallado

5 g de jengibre fresco, pelado y picado fino

½ cebolla pequeña, picada fina

1 cucharada de salsa de soja

½ cucharada de sala de ostras

1 cucharadita de aceite de sésamo tostado

pimienta

Prepara el relleno de carne de cerdo. Rehidrata las setas shiitake secas poniéndolas en remojo en 300 ml de agua 3 horas. Escúrrelas, retira los pies y pícalas finamente. Pica en trozos pequeños el repollo, sálalo, remueve bien y déjalo sudar 20 minutos antes de estrujarlo con las manos para eliminar el agua. Amasa la carne picada con el ajo y el jengibre hasta que adquiera la consistencia de una pasta. Añade el repollo y la cebolla, y luego la salsa de soja, la salsa de ostras y el aceite de sésamo. Incorpora la pimienta. Mezcla bien y reserva en el frigorífico.

TRUCO

Si compras la masa, en la tienda no confundas la masa para gyozas (redonda y blanca) con la masa wonton (cuadrada y, con frecuencia, amarilla).

Relleno de verduras 野菜餃子 VEGANO

4-6 raciones (40 gyozas)
Preparación: 20 min
Remojo: 3 h
Cocción: 10 min

150 g de repollo puntiagudo o chino o de col rizada

7 g de setas shiitake secas

1 calabacín grande + 1 cucharada de sal

1 zanahoria

250 g de tofu firme

1 chalota

1 diente de ajo, picado

5 g de jengibre fresco, picado fino

1 cucharada de aceite vegetal neutro

1,5 cucharadas de salsa de soja

2 cucharadas de levadura de cerveza

1 cucharadita de azúcar sin refinar

1 cucharadita de aceite de sésamo tostado

2 cucharaditas de fécula de patata o de maíz

Rehidrata las setas shiitake poniéndolas en remojo en 300 ml de agua 3 horas. Escúrrelas y conserva el agua del remojo, retira los pies y pícalas finamente. Ralla el calabacín con la ayuda de un rallador de queso (usa la cara con los agujeros grandes). Sálalo, déjalo sudar 15 minutos y presiónalo con las manos para extraer el agua. Ralla la zanahoria con la ayuda de un rallador de queso (usa la cara con los agujeros grandes). Blanquea las hojas de repollo 1-2 minutos en una olla de agua hirviendo, retíralas y sécalas bien, presionando con las manos. Pícalas. En una sartén, calienta el aceite neutro, la chalota, el ajo y el jengibre. Cuando empiecen a despedir aromas, añade la zanahoria y el calabacín. Saltea 2-3 minutos, o hasta que la zanahoria se haya hecho. Añade el repollo y las setas shiitake, y saltea 2 minutos. Añade la salsa de soja, la levadura de cerveza, el azúcar, el aceite de sésamo y la fécula. Remueve bien, retira del fuego y deja que se enfríe del todo.

Okonomiyaki

(TORTILLA JAPONESA)

お好み焼き

4 raciones
Preparación: 15 min
Cocción: 10 min cada okonomiyaki

200 g de repollo puntiagudo (o blanco)

2 cebolletas

100 g de ñame o de patata

100 g de gambas peladas

16 ostras

200 ml de agua

2 huevos

200 g de harina de trigo

½ cucharadita de sal

1 puñado de virutas de katsuobushi (bonito seco)

4 cucharadas de aceite de girasol

Guarnición

salsa para okonomiyaki (o salsa tonkatsu*)

mayonesa o mayosoja (p. 139)

4 pizcas generosas de virutas de katsuobushi (bonito seco)

algunas hojas de eneldo

Corta el repollo en láminas finas, la cebolleta en rodajitas y las gambas longitudinalmente por la mitad. Ralla el ñame. Abre las ostras y sácalas de la concha.

Mezcla el ñame rallado, el agua y los huevos en una ensaladera. Añade la harina y la sal, remueve. Incorpora el repollo, la cebolleta y el katsuobushi, desmenuzado con los dedos. Añade las gambas y las ostras y mezcla bien.

Calienta una sartén seca a fuego medio. Añade 1 cucharada de aceite y seca el excedente con papel de cocina. Vuelca ¼ de la masa en la sartén caliente. Cuece unos 3 minutos. Dale la vuelta al okonomiyaki, tapa la sartén y cuece 5 minutos. Vuelve a darle la vuelta al okonomiyaki y prolonga la cocción 2-3 minutos, con la sartén destapada. Repite la operación hasta que acabes toda la masa. Saldrán 4 okonomiyakis.

Sírvelos en platos individuales. Úntalos generosamente con la salsa en toda su superficie. Añade la mayonesa y espolvorea con una buena pizca de katsuobushi. Decora con hojas de eneldo.

---

*PARA SUSTITUIR LA SALSA TONKATSU

En un cazo pequeño, mezcla 4 cucharadas de salsa Worcestershire, 2 cucharadas de kétchup, 1 cucharada de mirin y ½ cucharadita de salsa de soja. Calienta a fuego bajo y remueve hasta que la salsa espese.

VERSIÓN VEGANA

Sustituye las gambas y las ostras por 150 g de setas (setas de ostra, setas shiitake…) salteadas en 1 cucharada de aceite y condimentadas con ½ cucharadita de sal y 1 cucharada de levadura de cerveza. Añade 100 g de ñame (o de patata) adicionales.

¡No dudes en usar los ingredientes de tu elección en tus okonomiyakis! En japonés, okonomi *significa 'lo que te gusta' y* yaki*, 'a la plancha'. Los restaurantes ofrecen una amplia variedad de guarniciones. ¡Tienes total libertad para diseñar tu propia versión de esta receta!*

Oyaki

VEGANO

(BOLLITOS RELLENOS A LA PLANCHA)

おやき

粉物

Salen 8
Preparación: 30 min
Cocción: 20 min
Reposo: 1 h

Masa

190 g de harina de trigo

10 g de fécula de patata

140 ml de agua hirviendo

Relleno de Potimarron (para 4 piezas)

200 g de calabaza kabocha o Potimarron

1 cucharadita de fécula de patata (solo para la calabaza)

½ cucharada de salsa de soja

1,5 cucharaditas de azúcar sin refinar

1 pizca de sal

15 g de nueces, picadas en trozos grandes

Relleno de berenjena y miso (para 4 piezas)

½ berenjena

2 setas shiitake frescas

1 cucharada de miso marrón

1 cucharada de sake

2 cucharadita de salsa de soja

1 cucharada de mirin

1 cucharadita de azúcar sin refinar

1,5 cucharadas de aceite vegetal neutro

Moldeado y cocción

fécula de patata

aceite vegetal

100 ml de agua

Prepara la masa. Mezcla la harina y la fécula en una ensaladera. Añade el agua hirviendo y remueve bien con una espátula. Una vez se haya templado, amasa a mano, primero en la ensaladera y luego sobre la superficie de trabajo, enharinada con un poco de fécula de patata si la masa se engancha demasiado. Una vez esté lisa, forma una bola con la masa y envuélvela en un paño húmedo. Déjala reposar 1 hora a temperatura ambiente.

Prepara el relleno de calabaza. Pela la calabaza, córtala en trozos grandes y cuécela al vapor hasta que esté muy tierna. Escúrrela, añade la fécula de patata y aplasta con un pasapurés. Añade ahora la salsa de soja, el azúcar y la sal, y remueve bien. Añade las nueces. Forma 4 bolitas de relleno y resérvalas en el frigorífico.

Prepara el relleno de berenjena y miso. Mezcla en una ensaladera el miso, el sake, la salsa de soja, el mirin y el azúcar. Lava la berenjena. Córtala en dados de 1 cm y corta también las setas shiitake en trozos. Calienta el aceite en una sartén y saltea la berenjena y las setas a fuego medio. Cuando la berenjena esté tierna, añade la mezcla de miso y reduce 4-5 minutos, hasta que el líquido se haya evaporado. Retira del fuego y deja que se enfríe.

Prepara los oyakis. Enharina ligeramente la superficie de trabajo con un poco de fécula. Da forma de salchicha a la masa y córtala en 8 trozos iguales. Estira cada uno de ellos con un rodillo de amasar y forma discos de 10 cm de diámetro y con los bordes más finos que el centro. Deposita 1 cucharada de relleno de berenjena o 1 bolita de relleno de calabaza en el centro de cada disco, y ciérralos pinzando la masa por encima para formar una bola. Pon los oyakis con la parte cerrada mirando hacia abajo y aplánalos ligeramente.

Calienta el aceite a fuego medio en una sartén. Dora los oyakis por las dos caras. Añade el agua y tapa la sartén. Cuece 8 minutos a fuego medio-bajo. Añade un poco más de agua si se evapora antes del fin de la acción. Sírvelos inmediatamente.

TRUCOS

Los oyakis a la plancha soportan muy bien la congelación. Cuando los vayas a comer, recaliéntalos directamente, sin descongelar, en una vaporera 5-6 minutos o en una sartén tapada, ligeramente pintada de aceite y con 50 ml de agua 5-6 minutos.

—

La calabaza kabocha es una variedad japonesa, más dulce y con más contenido en agua que la Potimarron.

Nikuman y yasaiman

(BOLLITOS DE CERDO Y BOLLITOS DE VERDURAS)

肉まん / 野菜まん

A

B

Salen 8
Preparación: 30 min
Cocción: 17 min
Reposo: de 1 h 30 min a 2 h 30 min

Relleno al gusto preparado con antelación
Véanse las páginas siguientes

Masa

200 g de harina T55 (panificable)
1 pizca de sal
2,5 g de levadura química
50 ml de bebida de soja + 65 ml de agua a 25-40 °C
45 g de azúcar de caña
5 g de levadura seca de panadero
1 cucharada de aceite vegetal neutro

Prepara la masa. Mezcla en una ensaladera la harina, la sal y la levadura química. En otra ensaladera, mezcla bien el agua y la bebida de soja, el azúcar, la levadura de panadero y el aceite. Vierte poco a poco la mezcla líquida en la mezcla seca y remueve bien, primero con palillos y luego con la mano. Amasa 10 minutos sobre la superficie de trabajo hasta que obtengas una masa lisa y homogénea. Forma una bola, deposítala en un bol y pinta ligeramente con aceite la superficie de la masa. Tápala con un paño húmedo. Déjala reposar 1 o 2 horas en un lugar a 25-30 °C (cerca de un radiador, por ejemplo), hasta que la masa duplique su volumen.

Moldea los bollos. Corta la masa en 8 trozos iguales. Moldea cada uno de modo que obtengas 8 bolas muy redondas. Tápalas con un paño húmedo y déjalas reposar 15 minutos a temperatura ambiente. Luego, aplánalas con la mano. Espolvorea ligeramente la superficie de trabajo con fécula.

C

D

Estira las bolas con un rodillo de amasar y forma discos de 10 cm de diámetro y con los bordes más finos que el centro **(A)**. Deposita 1 cucharada colmada de relleno en el centro de cada disco **(B)**.

Para cerrar el bollito, pinza 2 cm del borde de la masa y pégalo con los dedos **(C)**, y luego los 2 cm adyacentes contra los primeros y así hasta que la masa se haya cerrado completamente sobre el relleno. Una vez hayas cerrado la bola, retuerce ligeramente el trocito de pasta que te quede entre los dedos para darle una bonita forma en espiral **(D)**.

Dispón cada bolita sobre un cuadrado de papel de horno y luego en una vaporera. Tápala y deja reposar 15 minutos. Cuece al vapor a fuego medio-alto 17 minutos. Sírvelas bien calientes, con la mostaza japonesa y una mezcla de salsa de soja y vinagre de arroz.

Estos bollitos son de origen chino. Mi padre los preparaba en fin de semana y el aroma de los bollitos cocidos al vapor bastaba para hacerme salivar. A diferencia de muchos de los hombres de su generación, que nunca entraban en la cocina, a mi padre le encantaba cocinar, sobre todo platos exóticos. Gracias a él descubrí multitud de sabores extranjeros durante mi infancia. Estos bollitos se hicieron populares tras la aparición de Kombini, un pequeño colmado abierto las 24 horas de los 7 días de la semana que los preparaba como tentempié caliente en invierno. Nos encantaban, pero nada supera a los que se hacen en casa.

Rellenos para los bollitos

肉まん / 野菜まん

Para 8 bollitos
Preparación: 10 min
Remojo: 3 h

Relleno de carne de cerdo

200 g de panceta de cerdo, picada
1 puerro, picado fino
5 g de setas shiitake secas + 200 ml de agua
5 g de jengibre fresco, pelado y picado fino
½ diente de ajo, picado
2 cucharadas de salsa de soja
1 cucharadita de azúcar sin refinar
1 cucharadita de salsa de soja
1 cucharadita de aceite de sésamo tostado
pimienta

Para servir
salsa de soja
vinagre de arroz
mostaza japonesa

Rehidrata las setas shiitake poniéndolas en remojo en 200 ml de agua 3 horas. Escúrrelas y pícalas finamente. Mezcla bien todos los ingredientes con la mano hasta que obtengas una textura muy pegajosa. Resérvala en el frigorífico.

Para 8 bollitos
Preparación: 20 min
Remojo: 3 h
Cocción: 5 min

Relleno de verduras VEGANO

10 g de setas shiitake secas + 100 ml de agua
50 g de fideos de judía mungo
1 cm de jengibre fresco, picado fino
1 chalota, picada fina
2 setas shiitake frescas, picadas
50 g de hojas de espinaca, picadas
2-3 hojas de repollo puntiagudo (100 g), picadas
1 cucharada de levadura de cerveza
1 cucharadita de salsa de soja
1 pizca de sal
2 pizcas de azúcar
1 cucharadita de aceite de sésamo tostado
el agua del remojo de las setas shiitake secas
2 cucharaditas de fécula de patata o de maíz + 1 cucharada de agua
1 cucharada de aceite vegetal neutro

Rehidrata las setas shiitake poniéndolas en remojo en 100 ml de agua 3 horas. Escúrrelas y reserva el agua del remojo. Pícalas finamente. Cuece los fideos en el agua de remojo siguiendo las instrucciones del fabricante, escúrrelos y pícalos en trozos grandes. En una sartén, calienta a fuego medio el aceite, el jengibre y la chalota. Añade las setas shiitake (las frescas y las rehidratadas), y remueve 1 minuto. Añade las hojas de espinaca y de repollo. Saltea 2-3 minutos, o hasta que la verdura esté tierna. Incorpora los fideos, la levadura de cerveza, la salsa de soja, la sal, el azúcar y el aceite de sésamo. Remueve hasta que el líquido se haya evaporado. En un bol, diluye la fécula en la cucharadita de agua y viértela en la sartén. Remueve 30 segundos y retira del fuego. Deja que se enfríe completamente y reserva en el frigorífico.

釜浅
KAMA-ASA
商店
DEPUIS 1908

KAMA-ASA

釜浅商店

Para escribir mi libro anterior, *Tokio. Las recetas de culto*, viajé a Japón. Un día, estaba en el célebre mercado de Tsukiji y anduve hasta Kappabashi, el barrio de la cocina y de los utensilios.
La calles están repletas de tiendas asociadas al universo de la cocina: embalajes, réplicas de alimentos, utensilios, vajillas... ¡Me pasaría allí días enteros!
Entré en una de las tiendas y me quedé maravillada por la belleza, el refinamiento y la gran calidad de los utensilios, y por la profesionalidad de los vendedores, que eran verdaderos expertos y conocían a la perfección sus productos.
Esta tienda se llamaba KAMA-ASA. Unos años después, supe que KAMA-ASA había abierto una tienda en París. Es minúscula, pero está repleta de tesoros. Dos profesionales apasionados y seguros de los productos que venden están a disposición del cliente. Cazos amartillados a mano, platos de hierro fundido Nambu, un kama (el caldero japonés) magnífico, cuchillos de formas y materiales adaptados a todo tipo de usos... ¡Esta es mi idea de paraíso!
La historia personal con KAMA-ASA no termina cuando compras algo: ese no es más que el comienzo. Los profesionales están ahí para explicar el correcto uso de los utensilios y cómo cuidarlos para que duren años. Su misión es ayudar a los clientes a disfrutar al máximo de la experiencia en la cocina usando utensilios japoneses fabricados con mucho mimo y atención. Allí encontrarás un cuchillo para niños, llamado «mi primer cuchillo», que, tras varios años de afilado, adoptará la forma de cuchillo afilado que el niño, ahora ya adulto, podrá seguir usando. Este cuchillo simboliza su visión de la relación entre los utensilios que venden y sus clientes. Es el verdadero espíritu de la artesanía japonesa y me alegra profundamente que lo podamos encontrar fuera de Japón.

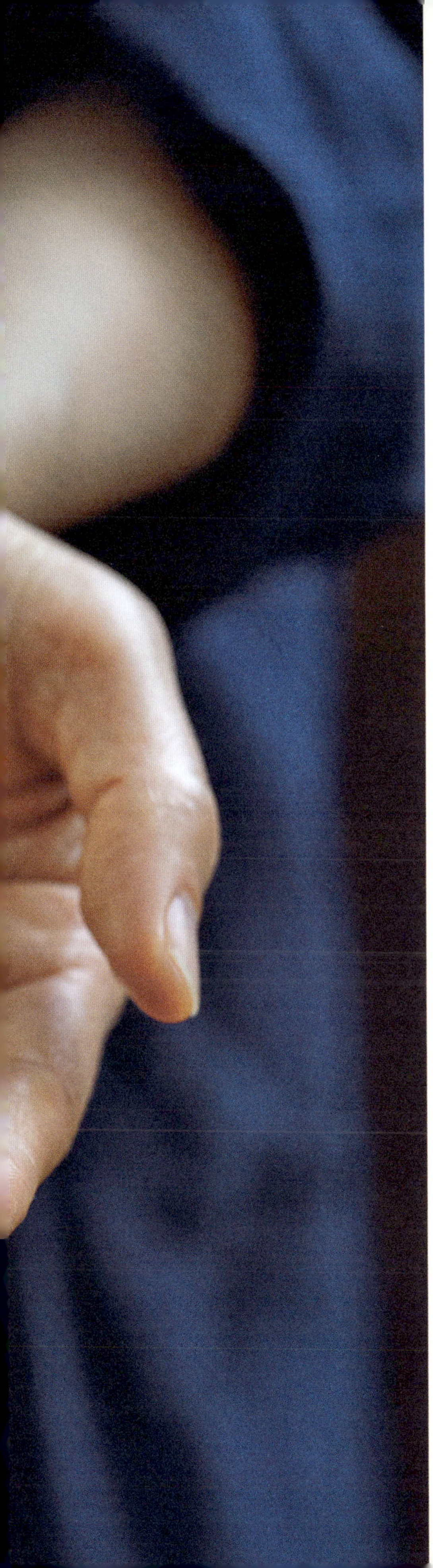

米

ARROZ

Cocer el arroz

米の炊き方

Arroz blanco en olla normal 白米の炊き方

4 raciones
Preparación: 5 min
Reposo: 40 min
Cocción: 13 min

400 ml de arroz japonés (o redondo)*

480 ml de agua filtrada

**Emplea tu vaso medidor.*

Deposita el arroz en una ensaladera grande. Vierte una cantidad generosa de agua en la ensaladera y remueve con la mano. Escurre con la ayuda de un colador y desecha el agua. Vuelve a poner el arroz en la ensaladera. Pon la mano en forma de cuchara, como si sujetaras una pelota de baloncesto. Hunde los dedos en el arroz y traza 20 grandes círculos. Vierte agua en la ensaladera, se volverá blanca. Deséchala inmediatamente y repite el movimiento de la mano 20 veces. Repite la operación 4 veces en total, hasta que el agua salga más o menos transparente. Escurre bien el arroz.

Vierte el arroz y el agua filtrada en una olla de fondo grueso. Tápala y deja el arroz en remojo 30 minutos, antes de calentar la olla a fuego medio hasta que el agua llegue a ebullición. Entonces, reduce el fuego al mínimo y cuece 12-13 minutos. Retira del fuego y deja reposar 10 minutos. Remueve rápidamente el arroz con una espátula y vuelve a tapar la olla hasta que vayas a usar el arroz.

TRUCOS

Si vas a usar una arrocera, utiliza el vaso que viene con el aparato (acostumbra a tener 180 ml de capacidad) y respeta el nivel indicado para la cantidad de agua.

—

Los 30 minutos de remojo del arroz en el agua filtrada antes de iniciar la cocción no son obligatorios, pero permiten que los granos absorban agua en todo su grosor, lo que mejora el gusto final.

Arroz integral en olla a presión 玄米の炊き方

4 raciones
Preparación: 5 min
Reposo: de 2 h 15 min a 12 horas
Cocción: 35 min

400 ml de arroz integral japonés (o redondo integral)

1 l de agua filtrada (para el remojo)

480 ml de agua filtrada (para la cocción)

½ cucharadita de sal

Deposita el arroz en una ensaladera. Vierte una buena cantidad de agua y remueve con la mano. Escúrrelo inmediatamente con ayuda de un colador y desecha el agua. Vuelve a meter el arroz en la ensaladera. Mete las manos en el arroz y frota los granos entre ambas, con cuidado de no romperlos. Vierte agua en la ensaladera, remueve, escurre y vuelve a meter el arroz en la ensaladera. Repite el proceso un total de 3 veces. Así ablandarás un poco la capa de salvado para que los granos puedan absorber bien el agua. Cubre el arroz con el doble de su volumen en agua y déjalo en remojo un mínimo de 2 horas (idealmente, 12 horas). Escúrrelo bien.

Vierte el agua filtrada en la olla a presión y añade el arroz y la sal. Calienta a fuego medio. Cuando la válvula empiece a silbar, mantén a fuego bajo 25 minutos. Retira la olla del fuego y deja reposar 15 minutos. Remueve rápidamente el arroz con ayuda de una espátula y vuelve a tapar la olla hasta que vayas a usar el arroz.

TRUCOS

Si lo vas a cocer en una olla normal, mete el arroz, la sal y 540 ml de agua filtrada. Lleva a ebullición y cuece a fuego bajo 35 minutos. Retira del fuego y deja reposar 15 minutos.

—

La sal contrarresta el amargor del arroz integral.

A

B

Arroz para sushi

お米の炊き方

4 raciones
Preparación: 5 min

400 ml de arroz japonés*
410 ml de agua filtrada
1 cucharada de sake
5 g de alga kombu seca

Vinagre para sushi
120 ml de vinagre de arroz
1 cucharada de azúcar de caña dorado
2 cucharaditas de sal

**Emplea tu vaso medidor.*

A

Mezcla bien los ingredientes del vinagre para sushi para diluir completamente la sal y el azúcar.

Lava y cuece el arroz (véase cómo cocer el arroz en la p. 56), añadiendo sake al agua y depositando una lámina de alga kombu sobre el arroz **(A)**. Pasa el arroz a una ensaladera inmediatamente.

B

C

Vierte en tres tandas el vinagre sobre el arroz aún caliente, de modo que quede empapado en toda su superficie **(B)**. Tras cada tanda, marca surcos en el arroz con una espátula, como si lo «cortaras» dibujando diagonales, para no aplastar los granos **(C)**.

Abanica el arroz para que se enfríe. Tápalo con una servilleta húmeda. Reserva a temperatura ambiente.

TRUCO

No metas el arroz para sushi en el frigorífico, porque la textura cambiaría por completo.

Temari-zushi

手まり寿司

4 raciones (salen 24 piezas, con la guarnición al gusto)

arroz para sushi cocido para 4 raciones (p. 58)

Rábano morado (salen 4 piezas) VEGANO

12 rodajas muy finas de un rábano morado pequeño

½ cucharadita de sal

½ cucharadita de azúcar

1 pizca de jengibre fresco, pelado y en juliana

1 umeboshi, deshuesado y en cuartos (opcional)

Condimenta las rodajitas de rábano con sal y azúcar, y déjalas sudar 15 minutos. Escúrrelas entre las manos. Para el montaje (véase p. siguiente), superpón 3 rodajas en el centro de una estameña. Coloca 1 cuarto de umeboshi y 1 bola de arroz, y forma el temari-zushi. Condimenta con un poco de jengibre.

Setas shiitake salteadas VEGANO **(salen 4 piezas)**

4 setas shiitake, cortadas por la mitad

2 cucharadas de sake (o de agua o de dashi)

½ cucharadita de salsa de soja

el zumo de ½ limón

1 cucharada de aceite vegetal neutro

semillas de sésamo

Calienta el aceite en una sartén pequeña y saltea las setas shiitake 1-2 minutos a fuego medio-bajo, sin dejar de remover. Añade el sake, tapa la sartén y cuece a fuego bajo. Una vez se haya evaporado todo el líquido, añade la salsa de soja y retira del fuego. Riega con el zumo de limón y deja que se enfríe. Para el montaje (véase p. siguiente), superpón 2 mitades de setas shiitake en el centro de una estameña. Deposita encima 1 bola de arroz y forma el temari-zushi. Espolvorea semillas de sésamo por encima.

Setas shiitake maceradas VEGANO **(salen 4 piezas)**

4 setas shiitake secas + 250 ml de agua

1 cucharada de salsa de soja

1 cucharada de mirin

½ cucharada de azúcar

piel de yuzu o de otro cítrico, cortada en láminas finas

Rehidrata las setas shiitake en un cazo pequeño poniéndolas en remojo 3 horas en 250 ml de agua. Escúrrelas apretándolas con la mano sobre el cazo, para conservar el agua del remojo. Retira los pies y vuelve a meter las setas en el cazo. Añade la salsa de soja, el mirin y el azúcar, tapa y cuece 15 minutos a fuego medio. Retira la tapa y deja que el líquido se evapore hasta que no quede más que una fina capa sobre el fondo del cazo. Retira del fuego y deja que se enfríe. Escurre las setas estrujándolas con la mano sobre el cazo (el jugo es excelente para regar arroz cocido). Para el montaje (véase p. siguiente), coloca 1 seta shiitake en el centro de una estameña. Pon encima 1 bolita de arroz y forma el temari-zushi. Pon un poco de piel de cítrico encima.

Sardina (salen 4 piezas)

2 sardinas fileteadas en 4 trozos (paso a paso en la p. 178, o fileteadas en la pescadería)

1 pizca de sal

½ cucharadita de jengibre fresco, rallado

Sala las sardinas y deja que reposen 15 minutos en el frigorífico. Sécalas cuidadosamente con papel de cocina. Corta los filetes por la mitad. Para el montaje (véase p. siguiente), coloca 2 trozos de sardina, con la piel tocando el tejido superponiéndolas un poco, en el centro de la estameña. Deposita encima una bolita de arroz y forma el temari-zushi.

Dorada (salen 4 piezas)

80 g de dorada salvaje fileteada y sin espinas

1 pizca de sal

1 pizca de cebolleta picada finamente

wasabi (opcional)

Corta la dorada en 8 trozos, sazona y deja reposar 10 minutos en el frigorífico. Sécala cuidadosamente con papel de cocina. Para el montaje (véase más abajo), deposita 2 trozos de dorada superponiéndolas ligeramente en el centro de la estameña. Deposita encima 1 bola de arroz y forma el temari-zushi. Espolvorea la cebolleta por encima.

Pimiento macerado (salen 8 piezas) VEGANO

1 pimiento amarillo pequeño

2 cucharaditas de salsa de soja

1 cucharada de vinagre de arroz

1 cucharadita de azúcar sin refinar

1 pizca de sal

1 cucharada de aceite de oliva

1 pizca de cebolleta, picada finamente, o un poco de piel de pepino, cortada en juliana

Precalienta el horno a 250 °C, deposita el pimiento sobre una bandeja apta para horno y ásalo 15-20 minutos por cada lado, hasta que la piel se queme. Mételo 5 minutos en una bolsa o en una ensaladera tapada. Retira la piel y las pepitas. En un recipiente, mezcla la salsa de soja, el vinagre de arroz, el azúcar, la sal y el aceite de oliva. Añade el pimiento y macéralo 30 minutos en el frigorífico. Para el montaje (véase p. siguiente), deposita en el centro de una estameña 2 trozos de pimiento ligeramente superpuestos. Deposita encima 1 bola de arroz y forma el temari-zushi. Esparce un poco de cebolleta por encima.

Kale (salen 4 piezas) VEGANO

4 hojas tiernas de kale

½ cucharadita de salsa de soja

1 umeboshi, deshuesado y cortado en cuartos (opcional)

algunas hojas de eneldo

Blanquea 1 minuto las hojas de kale en un cazo de agua hirviendo. Escúrrelas presionándolas entre las manos. Aliña con la salsa de soja. Para el montaje (véase abajo), deposita 1 hoja de kale en el centro de la estameña, pon 1 bola de arroz encima y forma el temari-zushi. Esparce un poco de eneldo por encima.

Kinpira de salsifí (salen 4 piezas) VEGANO

¼ de la cantidad de kinpira de salsifí (p. 127)

chile en polvo

algunas hojas de eneldo

Para el montaje (véase abajo), coloca el kinpira en el centro de la estameña. Deposita encima 1 bola de arroz y forma el temari-zushi. Esparce un poco de eneldo por encima.

Montaje

Mójate bien las manos bajo el grifo de agua fría y sécatelas con un trapo de cocina limpio: han de quedar húmedas, pero sin gotear. Moldea el arroz para sushi en 28 bolitas del mismo tamaño: colma una cuchara sopera de arroz y forma una bolita del tamaño de una pelota de pimpón, con cuidado de no apretar demasiado el arroz. A estas alturas, aún no hace falta que las bolas sean esferas perfectas.

Moja una estameña cuadrada o un paño de cocina fino, y escurre bien. Coloca 1 trozo de guarnición en la estameña y una bola de arroz encima. Cierra el tejido y retuércelo para obtener una bola bien prieta. Enjuaga y escurre la tela cada 2-3 temari-zushis.

Chirashi-zushi

ちらし寿司

米

4 raciones
Preparación: 45 min
Remojo: 2 h
Reposo: de 30 min a 1 h
Cocción: 10 min

arroz para sushi para 4 personas (p. 58)

Setas shiitake condimentadas

- 1 zanahoria pequeña
- 10 g de setas shiitake secas + 200 ml de agua
- 1 cucharadita de aceite de girasol
- 100 ml del agua del remojo de las setas shiitake
- 1 cucharada de salsa de soja
- 1 cucharada de mirin
- 1 cucharada de azúcar sin refinar
- 1 cucharadita de vinagre de arroz

Tortilla francesa fina

- 2 huevos
- 1 cucharadita de azúcar sin refinar
- 1 pizca de sal
- 1 cucharadita de aceite vegetal neutro

Dorada

- 300 g de dorada salvaje fileteada, sin piel ni espinas
- 2 pizcas de sal

Huevos de salmón (opcionales)

- 1 bote de 50 huevos de salmón salvaje
- algunas hojas de cebolleta, finamente picadas
- hojas y flores de rúcula
- flores de cerezo troceadas, lavadas y secadas cuidadosamente

Setas shiitake aliñadas

Rehidrata las setas shiitake dejándolas en remojo en el agua un mínimo de 2 horas. Escúrrelas y reserva el agua del remojo. Pela la zanahoria, córtala en trozos de 2 cm y luego en palitos finos como cerillas. Retira la parte dura de los pies de las setas shiitake y córtalas en láminas de 3 mm. En un cazo, calienta el aceite y saltea la zanahoria y las setas 1 minuto. Añade 100 ml del agua del remojo, la salsa de soja, el mirin, el azúcar y el vinagre de arroz. Deja cocer a fuego medio, sin tapar el cazo y removiendo de vez en cuando, hasta que el jugo de cocción se haya evaporado casi del todo (ha de quedar un poco al fondo del cazo). Retira del fuego y deja que se enfríe.

Tortilla francesa fina

Casca los huevos en un bol y añade el azúcar y la sal. Bate los huevos. Pinta de aceite el fondo de una sartén con ayuda de un papel de cocina. Cuando la sartén esté caliente, vierte una fina capa de huevo, como si fueras a hacer un crepe, y cuécela a fuego medio. Asegúrate de que no cuaje demasiado, porque se hará muy rápido y ha de quedar muy amarilla. Una vez hecha, dale la vuelta a la tortilla y hazla por el otro lado 1 segundo. Pásala inmediatamente a un plato. Repite la operación hasta que se termine el huevo. Obtendrás unas 2 o 3 tortillas francesas finas. Apílalas y córtalas en tres bandas y luego en láminas muy finas.

Dorada

Sazona los filetes de dorada por ambos lados. Déjalos reposar entre 30 minutos y 1 hora en el frigorífico. Seca la superficie con papel absorbente. Córtalos longitudinalmente por la mitad y luego en sashimis. Envuélvelos en papel film y reserva en el frigorífico.

Montaje

Prepara el arroz para sushi (p. 58). Antes de que se haya enfriado del todo, añade poco a poco la guarnición de setas shiitake condimentadas con ayuda de una espátula y con cuidado de no aplastar los granos. Dispón el arroz en una fuente grande con las guarniciones por encima. Comparte, condimentado con un poco de salsa de soja.

TRUCOS

Si usas una espátula de madera para remover el arroz, mójala antes para evitar que los granos de arroz se peguen.

—

Conserva el resto del agua del remojo de las setas shiitake y aprovéchala en otro plato (por ejemplo, en un caldo). Es muy sabrosa y aporta un delicioso sabor umami.

Futomakis

太巻き（鯛／精進）

A

B

4 raciones
Preparación: 20 min

arroz para sushi, cocido, para 4 personas (p. 58)
4 láminas de alga nori seca

Moldeado
agua
vinagre de arroz

Llena de agua un bol y añade un poco de vinagre. Deposita una lámina de alga nori sobre el makisu (la esterilla para hacer makis), con la parte rugosa hacia arriba y el lado largo en paralelo al borde de la superficie de trabajo. Humedécete las manos en el bol de agua con vinagre. Coge un puñado de arroz para sushi y extiéndelo por toda la superficie de la lámina de alga nori, dejando 1 cm libre en el borde inferior (por el que empezarás a enrollar la lámina) y 2 cm en el borde superior (el más alejado de ti) **(A)**. Asegúrate de no poner demasiado arroz, para que no se desborde cuando lo enrolles: has de entrever el alga entre los granos de arroz extendidos.

C

D

Alinea las guarniciones (p. 68) en paralelo al borde largo, sobre la parte inferior de la lámina de alga, y superponlas para no superar las 3 o 4 líneas de guarnición hacia la parte superior.

Dobla la parte inferior del makisu para empezar a enrollarlo, sujetando siempre las guarniciones con los dedos para que no se muevan **(B)**. Enrolla para que la guarnición quede en el centro del maki y presiona delicadamente para no aplastar ni el arroz ni la guarnición **(C)**. Sigue enrollando el makisu alrededor del alga nori. Una vez lo hayas enrollado del todo, vuelve a presionar. Deja el makisu alrededor del maki 1 minuto más **(D)**. Retíralo y deposita cuidadosamente el maki sobre una tabla para cortar, con la costura del alga nori en la parte inferior.

Repite todo el proceso con los otros 3 rollos. Corta cada uno de ellos por la mitad y luego cada mitad en cuatro, asegurándote de secar la hoja del cuchillo con un paño húmedo entre corte y corte, para evitar que los granos se peguen.

TRUCO

No tires el resto del agua del remojo de las setas shiitake. Contiene mucho sabor umami y la podrás usar en otros platos, por ejemplo, en un caldo.

Guarniciones para los futomakis

太巻き︵鯛/精進︶

Para futomakis de dorada 鯛 **(32 piezas)**

150 g de dorada salvaje, fileteada, sin piel ni espinas

1 pizca de sal

1 pepino

12 briznas de cebollino

6 rodajas de rábano encurtido con shiokoji (p. 98), cortadas en láminas finas (opcional)

Tamago

2 huevos

1 cucharadita de azúcar sin refinar

½ cucharadita de salsa de soja

2 briznas de cebollino, picadas finas

1 cucharadita de aceite vegetal neutro

Setas shiitake y salsifí aliñados

10 g de setas shiitake secas

1 salsifí

1 cucharada de salsa de soja

1 cucharada de mirin

1 cucharada de azúcar sin refinar

1 cucharadita de vinagre de arroz

1 cucharada de aceite de girasol

Sazona la dorada con una pizca de sal, déjala reposar 30 minutos en el frigorífico, sécala con papel de cocina y córtala en 8 tiras largas.

Prepara el tamago. Sigue la receta del tamagoyaki (p. 175) con 2 huevos, de modo que obtengas una tortilla francesa de la misma longitud que las láminas de alga nori. Corta la tortilla en 4 tiras largas.

Corta el pepino longitudinalmente por la mitad, retira las pepitas y córtalo en trozos de la misma longitud que las láminas de alga nori y luego en palitos como cerillas.

Rehidrata las setas shiitake secas dejándolas en remojo 3 horas en 200 ml de agua. Escúrrelas, reserva el agua del remojo, retira los pies de las setas y córtalas en láminas de 5 mm. Pela el salsifí y córtalo primero en trozos de 5 cm y luego en palitos como cerillas. Calienta el aceite en una cazuela a fuego medio y saltea las setas shiitake y el salsifí 1 minuto. Añade 100 ml del agua del remojo de las setas, la salsa de soja, el mirin, el azúcar y el vinagre de arroz. Cuece a fuego medio 7 minutos, removiendo hasta que el jugo de cocción se haya evaporado casi del todo. Deja que se enfríe.

Para maki shojin 精進 VEGANO **(32 piezas)**

1 aguacate pequeño

1 chorrito de zumo de limón

shiitake y salsifí aliñados (véanse las guarniciones de los maki de dorada)

1 puñado de hojas de espinaca

1 cucharadita de sal

6 rodajas de rábano encurtido con shiokoji (p. 98), en láminas finas (opcional)

Kinpira de zanahoria (p. 127)

½ zanahoria (45 g)

1,5 cucharaditas de mirin

½ cucharadita de salsa de soja

1 pizca de sal

1 cucharadita de aceite de sésamo tostado

Corta el aguacate por la mitad, deshuésalo y corta cada mitad en 6 láminas longitudinales. Riégalo con el zumo de limón para evitar que se oxide. Lava las hojas de espinaca, blanquéalas 1 minuto en un cazo de agua hirviendo con sal y escúrrelas presionándolas entre las manos para que eliminen todo el líquido. Pela la zanahoria, córtala en trozos de 2 cm y luego en palitos finos como cerillas. Prepara la kinpira de zanahoria con las cantidades que se indican.

Tegone-zushi

(SUSHI DE ATÚN MARINADO A LAS FINAS HIERBAS)

てごね寿司

4-6 raciones
Preparación: 10 min
Marinado: 30 min

arroz para sushi cocido para 4 personas (paso a paso en la p. 58)

Atún

600 g de atún rojo (o de bonito extra fresco)

1 cucharadita de sal

1 pizca de azúcar sin refinar

Marinada

6 cucharadas de salsa de soja

4 cucharadas de mirin

4 cucharaditas de aceite de sésamo tostado

10 g de jengibre fresco, pelado, rallado y exprimido para extraer el jugo

Guarnición

10 briznas de cebollino, picadas finas

6 ramitas de cilantro, picadas finas

10 hojas de shiso, en láminas finas

2 cucharadas de sésamo tostado

7 g de jengibre fresco, pelado y picado fino

2 láminas de alga nori, desmenuzada con los dedos

yuzu, bergamota o limón (opcional)

Mezcla en un cuenco todos los ingredientes de la marinada.

Corta el atún en trozos de 5 mm de grosor. Reparte los trozos sobre una fuente plana grande y condiméntalos con sal y azúcar. Déjalos reposar en el frigorífico 10 minutos. Luego, mezcla el atún con la marinada y deja macerar 30 minutos.

Añade al arroz la mitad de las hierbas, todo el sésamo y el jengibre. Remueve con ayuda de una espátula y con cuidado de no aplastar los granos. Incorpora los trozos de atún rojo (sin la marinada) y remueve rápidamente. Antes de consumir, esparce por encima el resto de las hierbas y el alga nori desmenuzada. Riega con el zumo del cítrico que hayas elegido y con el resto de la marinada, al gusto.

HISTORIA

Tegone significa 'mezclar con la mano'. Originalmente, esta receta era un plato que los pescadores preparaban en las barcas, mientras pescaban. Por lo tanto, las rodajas de sashimi no se colocan delicadamente sobre el arroz, sino que se mezclan con las manos. En la actualidad, se usan espátulas por motivos de higiene, pero el espíritu del sushi «sucio» está ahí. ¡Me encanta preparar esta receta y condimentarla con multitud de hierbas distintas!

Onigiris

おにぎりの握り方

A

B

4 raciones (salen 4 onigiris grandes u 8 pequeños)
Preparación: 10 min

arroz cocido caliente para 4 personas (véase cómo cocer el arroz en la p. 56)

sal

1 hoja de alga nori seca cortada en 4 tiras (opcional)

Guarnición: véanse las recetas de la p. 74

Deposita el arroz en un bol grande, de modo que se enfríe un poco y lo puedas manipular. Separa ligera y cuidadosamente los granos con una espátula. Prepara un bol pequeño con agua y un platito con sal. Lávate bien las manos con un jabón de olor neutro. Mójate bien las manos bajo el grifo de agua fría y sacúdelas para eliminar el exceso de agua: han de quedar mojadas, pero sin gotear.

Coge una pizca de sal entre el pulgar y el corazón (será la medida) y pásala a la palma de la otra mano **(A)**. Frótate las manos para que la sal quede bien repartida entre las dos palmas. Toma ¼ parte del arroz (o ⅛, para los niños o si prefieres los onigiris pequeños), haz un agujerito en el centro e introduce en este la guarnición que hayas elegido **(B)**. Con ayuda de la otra mano, forma una bola de modo que el

C

D

ingrediente en el centro de la bolita quede bien prieto. Si es necesario, añade un poco de arroz para cubrir la guarnición. Coloca la mano de abajo con forma de cuchara, para dar forma a la base del triángulo, y la de arriba como si fuera una montaña, para formar un ángulo agudo. Presiona ambas manos para formar un triángulo. Ahora, dale la vuelta al onigiri y vuelve a presionar de la misma manera, para marcar bien el ángulo **(C)**. Dale la vuelta y aprieta varias veces con más delicadeza. Aprieta únicamente las dos primeras veces: si aprietas demasiado luego, aplastarás los granos y el onigiri quedará pastoso. Envuelve el onigiri con una banda de alga nori **(D)**.

Lávate las manos y repite los pasos hasta acabar el arroz.

TRUCO

El almidón del arroz japonés permite formar los triángulos con facilidad. Si el arroz no está lo bastante caliente, se endurecerá y tendrás que ejercer una fuerza excesiva, por lo que los granos quedarán aplastados cuando intentes moldearlos: obtendrás onigiris pastosos y los granos no se separarán en la boca como deberían hacerlo. Si vas a utilizar un arroz frío o incluso templado, caliéntalo al vapor o en el microondas. Idealmente, deberías preparar los onigiris justo después de haber cocido el arroz (y de los 10 minutos de reposo).

Onigiris variados

おにぎり

4 raciones (4 onigiris grandes u 8 pequeños)
Para la cantidad de arroz y el moldeado de los onigiris, véase el paso a paso en las pp. 72-73

Katsuo-kombu 鰹こんぶ

4 cucharadas + 4 pizcas de furikake (p. 67)

Mezcla el furikake con el arroz cocido caliente. Monta los onigiris y espolvorea cada uno con 1 pizca de furikake.

Tuna-mayo ツナマヨ

1 lata de 100 g de atún en aceite de girasol

1 cucharada de mayonesa o de mayosoja (p. 139)

2 cucharaditas de salsa de soja

un poco de cáscara de limón o de bergamota, cortada en láminas finas

chile rojo en polvo

Escurre bien el atún, desmenúzalo con un tenedor y mézclalo con la mayonesa y la salsa de soja. Deposita un poco de esta mezcla en el centro del onigiri, sigue las instrucciones del moldeado y pon más atún condimentado, cáscara de limón y chile en polvo sobre el onigiri.

Nameshi (hojas verdes) 菜飯 VEGANO

70 g de hojas y tallos verdes (de nabo, rábano o kale)

1 cucharadita de sal (para la cocción)

⅓ de cucharadita de sal

1 cucharada de semillas de sésamo tostado

Enjuaga bien las hojas y resérvalas enteras. Lleva a ebullición agua con sal en una cazuela. Mete las hojas en el agua hirviendo, empezando por el extremo del tallo, y blanquéalas 1-2 minutos. Escurre y deja que se enfríen. Escurre las hojas con las manos y pícalas. Pásalas a un bol, añade la sal y remueve. Añade el arroz caliente y las semillas de sésamo, remueve para que se mezcle todo bien y moldea los onigiris.

Ume (ciruela salada) 梅 VEGANO

5 umeboshis

1 lámina de alga nori seca

Deshuesa los umeboshis. Corta 1 en cuartos, para la decoración. Corta la lámina de nori en 4 franjas. Moldea los onigiris metiendo 1 umeboshi en el interior de cada uno. Envuelve cada onigiri en una banda de alga nori y deposita un cuarto de umeboshi encima.

Ikura いくら

1 bote de 50 g de huevos de pescado (salmón, trucha...)

4 hojas de shiso

Moldea los onigiris y mete 1 cucharadita de huevos de pescado en el interior de cada uno. Dispón algunos huevos más sobre cada onigiri y envuélvelos con una hoja de shiso.

Arroz con castañas y jengibre

栗ご飯

4 raciones
Preparación: 15-45 min
Reposo: de 40 min a 1 h 40 min
Cocción: 13 min

- 500 g de castañas crudas o 250 g de castañas precocidas en agua
- 400 ml de arroz japonés crudo*
- 460 ml de agua
- 20 ml de sake
- 5 g de jengibre fresco, pelado y cortado en láminas finas
- 1 cucharadita de sal
- gomashio (condimento de sésamo tostado y sal marina) (opcional)

**Emplea tu vaso medidor.*

Para pelar las castañas crudas, mételas en una olla, cúbrelas de agua, llévalas a ebullición y cuécelas 5 minutos. Escúrrelas y mételas en un bol, cúbrelas con agua hirviendo y déjalas reposar 1 hora. Escúrrelas. Con un cuchillo, haz una incisión en la parte rugosa (a la que yo llamo las «nalgas» de la castaña) y tira de la cáscara (bien llamada «piel del diablo») hacia la punta. Luego, retira la piel fina con el cuchillo.

Lava el arroz siguiendo los pasos que encontrarás en la p. 56, sobre la cocción del arroz. Introduce en una olla (o una arrocera) el arroz, las castañas, el jengibre y la sal. Añade el sake y el agua, y sigue las instrucciones de la p. 56. Sirve el arroz y condiméntalo con gomashio, si lo usas, antes de consumir.

TRUCOS

Si has decidido usar las castañas crudas, ¡bravo por ti! Supone un trabajo añadido, pero merece la pena. Hay otras maneras de pelarlas (por ejemplo, en una sartén al fuego), pero las secan y las endurecen. Todos los años, en cuanto las castañas hacen su aparición en el mercado, intentamos buscar el momento para preparar este arroz, porque la elaboración es rapidísima. Cuando era niña y, al volver de la escuela, veía a mi madre pelando castañas, me alegraba y el estómago me empezaba a rugir inmediatamente. Para mí, es un plato festivo y excepcional que anuncia la llegada del otoño. Sin embargo, si no tienes esa opción (como yo, que he escrito el libro en primavera), lo puedes preparar con castañas precocidas. ¡Quedará buenísimo también!

—

Si vas a usar una arrocera, utiliza el vaso que viene con el aparato y cuenta dos medidas. Mete primero el arroz, el sake y la sal, y luego el agua, respetando el nivel para 2 vasos de arroz. Añade luego el jengibre y las castañas. Es importante que respetes la proporción agua/arroz que indique el aparato.

Arroz con guisantes

VEGANO

豆
ご
飯

4 raciones
Preparación: 15 min
Reposo: 40 min
Cocción: 13 min

- 500 g de guisantes frescos aún en la vaina (200 g si están desgranados)
- 400 ml de arroz japonés crudo*
- 460 ml de agua
- 20 ml de sake
- 3 g de alga kombu seca
- 2 pizcas de sal
- 1 cucharadita de aceite vegetal neutro

**Emplea tu vaso medidor.*

Desgrana los guisantes. Lava el arroz siguiendo los pasos que encontrarás en la p. 56, sobre la cocción del arroz. Introduce en una olla (o una arrocera) el arroz, los guisantes, el alga kombu y la sal. Añade el sake, el agua y el aceite, y sigue las instrucciones de la p. 58.

TRUCO

Si vas a usar una arrocera, utiliza el vaso que viene con el aparato y cuenta dos medidas. Mete primero el arroz, el sake y la sal y luego el agua, respetando el nivel para 2 vasos de arroz. Añade luego el alga kombu y los guisantes. Es importante que respetes la proporción agua/arroz que indique el aparato.

Este es mi arroz preferido. Es sencillísimo, pero el sabor de los guisantes frescos me encanta. También se puede hacer con habitas.

Chimaki

(ARROZ GLUTINOSO AL VAPOR)

中華ちまき

米

4 raciones/8 chimakis
Preparación: 40 min
Reposo: 2 h
Cocción: 1 h 15 min

Relleno

- 3 setas shiitake grandes secas + 400 ml de agua
- 50 g de zanahoria
- 100 g de tupinambo
- 100 g de panceta de cerdo sin la corteza o de chashu (p. 25)
- 1 cucharada de aceite de sésamo tostado

Aliño del relleno

- el agua del remojo de las setas shiitake
- 2 cucharadas de sake
- 1,5 cucharadas de salsa de soja
- ½ cucharada de azúcar sin refinar
- 1 cucharada de salsa de ostras

Arroz

- 360 ml de arroz glutinoso*
- 1 chalota, pelada y picada fina
- 10 g de jengibre fresco, pelado y finamente picado
- 1 cucharada de aceite vegetal neutro
- 8 castañas precocidas en agua (opcional)

Utensilios

- 16-20 hojas de bambú (las encontrarás en supermercados asiáticos), en remojo enteras en un gran bol de agua 15 minutos y secadas con un paño limpio
- u 8 hojas de papel de horno de 30 × 24 cm + cordel de cocina

Emplea tu vaso medidor.

Rehidrata las setas shiitake secas poniéndolas en remojo en 400 ml de agua 2 horas. Escúrrelas y conserva el agua del remojo, retira los pies de las setas y córtalas en cuatro. Pela la zanahoria y el tupinambo y córtalos en palitos como cerillas de unos 2 cm de longitud. Corta la carne de cerdo en dados de 1,5 cm. Calienta el aceite de sésamo a fuego medio en una cazuela. Añade las setas shiitake rehidratadas, la zanahoria, el tupinambo y el cerdo. Saltea 1 minuto. Añade todos los ingredientes de la condimentación. Mantén a fuego bajo, sin tapar la cazuela, hasta que el jugo se haya reducido a la mitad. Retira del fuego y reserva.

Prepara el arroz: lávalo rápidamente removiéndolo en un bol con agua, escúrrelo y ponlo en remojo 2 horas en un bol con agua limpia. Escúrrelo bien. En una sartén grande, calienta el aceite a fuego medio con la chalota y el jengibre. Añade el arroz y soásalo unos minutos, hasta que los granos se vuelvan translúcidos. Añade el relleno ya cocido y el jugo de la cocción. Cuece unos 7 minutos, removiendo de vez en cuando y tocando el fondo de la sartén con una espátula y sin aplastar los granos, hasta que el arroz haya absorbido todo el líquido. Retira del fuego y deja que se enfríe. Separa la preparación en 8 porciones iguales.

Para preparar los chimakis, superpón 2 hojas de bambú (si son grandes y gruesas, bastará con una) y colócalas de modo que el lado largo quede paralelo al borde de la superficie de trabajo. Dobla la parte inferior de la hoja para formar una especie de cono de helado. Rellena el cono con una ración de la preparación e introduce una castaña en el centro. Dobla la parte superior de la hoja para cerrar el chimaki y luego dale la vuelta para que se doble alrededor del cono. En la última vuelta, desliza la punta de la hoja en la abertura, como si cerraras un sobre.

Si usas papel de horno, envuelve una ración de preparación, cierra bien el paquete y sujétalo con cordel de cocinar, como si fuera un paquete de regalo.

Prepara la vaporera de vapor (o eléctrica), dispón los chimakis en el interior y cuécelos 40 minutos.

TRUCO

Puedes congelar los chimakis una vez cocidos. Para consumirlos, deposítalos sin descongelar en la vaporera y caliéntalos unos 15 minutos.

Donburi kakiage

CON GAMBAS Y HABAS

海老のかき揚げ丼

4 raciones
Preparación: 30 min
Cocción: 4 min

- 540 ml de arroz blanco crudo*, cocido en 650 ml de agua (véase cocción del arroz en la p. 56)
- 6 cucharadas de mentsuyu (p. 14)
- 12 gambas crudas, peladas y limpias
- 70 g de cebolla roja
- 70 g de zanahoria
- 60 g de calabacín
- 10 g de jengibre fresco, pelado y rallado
- 16 habas
- 2 cucharadas de harina
- aceite para freír

Masa

- 7 cucharadas de agua fría
- 5 cucharadas de harina
- 1 cucharada de fécula de patata

**Emplea tu vaso medidor.*

Pela la zanahoria. Corta la zanahoria y el calabacín en palitos de 5 cm de largo y 3 mm de grosor. Pela la cebolla, córtala por la mitad y luego en rodajas de 3 mm de grosor. En una ensaladera, mezcla las gambas, la zanahoria, el calabacín, la cebolla y las habas. Espolvorea con harina y remueve bien.

Prepara la masa. En un bol pequeño, mete el agua fría, la harina y la fécula. Bate rápidamente para evitar que el gluten se desarrolle demasiado. Añade la masa a la preparación de legumbres y gambas. Remueve bien.

Vierte 2 cm de aceite para freír en una sartén grande y honda, y caliéntalo a 170 °C. Con ayuda de una cuchara sopera, separa la preparación de gambas en 8 porciones. Deposítalas en el aceite y guíalas cuidadosamente con palillos para evitar que se toquen entre ellas. Trabaja por tandas si es necesario. Fríelas 30 segundos, dales la vuelta y, con los palillos, haz 2 o 3 agujeros en cada una para que se cuezan uniformemente. Fríelas 2 minutos. Si es necesario, dales la vuelta de nuevo y prolonga la cocción 1 minuto más. Escúrrelas sobre papel de cocina.

Reparte el arroz en 4 boles donburi (de mayor tamaño que un bol de arroz) grandes. Riega el arroz con ½ cucharada de mentsuyu, dispón 2 kakiages en cada bol, riégalos con otra cucharada de mentsuyu y esparce por encima el jengibre rallado.

VERSIÓN VEGANA

Sustituye las gambas por 100 g de champiñones cortados en trozos grandes o 100 g de calabaza Potimarron o de boniato, cortadas en palitos como cerillas. También puedes probar con tupinambo, salsifí o pimiento. ¡Prepara tus kakiages con tus verduras preferidas!

Donburi

CON PESCADO MARINADO Y YEMA DE HUEVO CRUDA

漬け丼

4 raciones
Preparación: 10 min
Marinada: 15 min

480 g de pescado, fileteado, sin piel y sin espinas, de calidad para sashimi*

½ cebolla roja

540 ml de arroz blanco crudo**, cocido en 650 ml de agua (véase cómo cocer el arroz en la p. 56)

las yemas de 4 huevos muy frescos

Marinada

4 cucharadas de salsa de soja

3 cucharadas de mirin

1 cucharada de semillas de sésamo tostado

**Comprueba con el pescadero que el pescado sea lo bastante fresco como para que lo puedas comer crudo.*

***Emplea tu vaso medidor.*

Pela la cebolla y pícala muy finamente en el sentido de las fibras. Lamina finamente el pescado. En un bol grande, mezcla la salsa de soja, el mirin y las semillas de sésamo. Marina el pescado en el líquido 15 minutos.

Reparte el arroz en 4 boles donburi (de mayor tamaño que un bol de arroz) grandes. Dispón las rodajas de pescado marinado y la cebolla sobre el arroz. Deposita sobre el conjunto y en el centro una yema de huevo. Riega con 1 cucharada de la marinada y consume inmediatamente.

TRUCO

Me encanta usar dorada salvaje en esta receta, pero quedará estupenda con cualquier pescado apto para sashimi: salmón, atún, sardina (véase p. 178 para el fileteado), jurel o incluso bonito. La clave está en que el pescado sea fresquísimo. ¡Ya verás lo bueno que está!

Miso zôsui

VEGANO

(RISOTTO JAPONÉS CON MISO)

味

噌

雑

炊

4 raciones
Preparación: 10 min
Cocción: 10 min

- 50 g de rábano blanco
- ½ cebolla
- 4 setas shiitake frescas
- 100 g de setas enoki
- ½ zanahoria
- 1 hoja de repollo chino o de repollo puntiagudo
- 4 g de jengibre fresco
- algunas hojas verdes (nabo, rábano, espinaca, rúcula, kale...)
- 1 loncha de aburaage (tofu frito) (opcional)
- 1 cucharada de aceite de sésamo tostado
- 800 ml de dashi (pp. 166 o 122, para la opción vegana)
- 1 cucharada de salsa de soja
- 1 cucharada de mirin
- 2 cucharadas de miso (aquí he usado 1 de miso blanco y 1 de miso marrón)
- 2-3 boles pequeños de arroz cocido (p. 56)
- sal
- chile en polvo (opcional)

Pela el rábano y la cebolla, y córtalos en trozos del tamaño de un bocado. Corta los pies de todas las setas, pica las setas shiitake y corta las setas enoki en tres trozos. Pela la zanahoria, córtala longitudinalmente por la mitad y luego en trozos de 1 cm. Corta la hoja de repollo en trozos del tamaño de un bocado. Pela el jengibre y pícalo finamente. Corta en trozos grandes las hojas verdes. Corta el aburaage longitudinalmente por la mitad y luego en láminas de 2 cm de ancho.

Calienta el aceite en una cazuela o una olla y pocha el rábano, la cebolla, las setas, la zanahoria, el repollo, el jengibre y el aburaage 1 minuto a fuego medio. Añade el dashi, la salsa de soja y el mirin. Tapa la cazuela y cuece a fuego bajo 7 minutos o hasta que la verdura esté tierna. Añade el arroz cocido y deja cocer a fuego bajo 1 minuto. Diluye el miso y apaga el fuego. Comprueba el punto de sal y corrígelo si es necesario. Añade las hojas verdes y tapa.

Lleva la cazuela a la mesa. Sirve el miso zôsui en boles y condiméntalos con chile en polvo. El shiozuke de repollo chino (p. 94) es un acompañamiento ideal para este plato.

TRUCO

Atención: el arroz se hinchará bastante. Por eso indico una cantidad inferior a la habitual (y también por eso es un plato muy apreciado por las personas a dieta).

Es una receta ideal para «resucitar» el arroz cocido. En esta versión, he incluido muchas verduras, pero también se puede preparar con solo una o dos, según los gustos. Es un plato sencillo y rápido de preparar, además de muy nutritivo y fácil de digerir. Era el plato típico de mi infancia cuando estaba enferma. Siempre guardo arroz cocido en un recipiente hermético en el congelador y me preparo este plato para desayunar con mucha frecuencia.

発酵保存食

FERMENTACIÓN Y CONSERVACIÓN

Fermentación y conservación

発酵 / 保存食

発酵 保存食

Los alimentos fermentados son indispensables en la cocina japonesa. Se comienza ya por la mañana, con una sopa de miso elaborada con una base de caldo de katsuobushi, tsukemono y natto, y condimentada con salsa de soja. ¡Son cinco alimentos fermentados en un solo plato!

Se dice que la fermentación es el secreto de la longevidad de los japoneses, y es que los beneficios para la salud de los alimentos fermentados son extraordinarios. Sin embargo, la cultura de la fermentación se desarrolló mucho antes de que se conocieran todos sus beneficios. Los alimentos fermentados forman parte de nuestra larga historia culinaria, a la que han aportado sabores complejos y profundos. En Japón, la voluntad de saborear un poco de todas las estaciones durante todo el año ha promovido el desarrollo de varias técnicas de fermentación y de conservación. Nuestra vida se enriquece gracias a este ánimo de conservar así el sabor de las estaciones durante meses o incluso años.

1. La fermentación con microorganismos

(Ejemplos: miso, salsa de soja, shochu, mirin, katsuobushi...)

En otras palabras, se trata de una fermentación por enmohecimiento. Hay varias maneras de enmohecer los alimentos y se eligen unas u otras en función del alimento que se quiera fermentar. Este tipo de fermentación crea enzimas que transforman o descomponen las sustancias que contienen los ingredientes y aporta sabores complejos, como el umami, una ligera acidez o cierto dulzor. Por lo tanto, más que conservarlos, esta fermentación potencia el sabor natural de los alimentos.

El koji, el ingrediente indispensable en Japón para elaborar el miso, la salsa de soja y el sake, es un fermento que se obtiene mediante la siembra del hongo *Aspergillus oryzae* en cereales como el arroz, la cebada o la soja.

El katsuobushi, que es bonito seco y fermentado con el moho *Aspergillus glaucus*, es el ingrediente clave del caldo dashi, considerado uno de los alimentos básicos de la cocina japonesa y que aporta un sabor rico en umami.

2. La fermentación láctea y alcohólica

(Ejemplo: tsukemono)

En general, el término *tsukemono* designa verduras o pescados fermentados con lactobacilos (fermentación láctea) y levaduras (fermentación alcohólica). En Japón se prepararan más de 1000 tsukemonos distintos, ya que cada región tiene su propia especialidad, en función del entorno y del clima.

El nukazuke (paso a paso en la p. 92) es el más frecuente y el más conocido. Las verduras se prepararan en nukadoko, una mezcla fermentada a base de sal, de salvado de arroz y de agua. La fermentación solo dura un día, lo que permite degustar varias verduras de temporada encurtidas.

El shiozuke (paso a paso en la p. 94) permite conservar verduras variadas durante mucho tiempo, para saborearlas fuera de temporada. Es una fuente de vitaminas muy importante en invierno.

El sokuseki zuke (p. 96) es un método rápido para preparar tsukemono que permite degustar inmediatamente las verduras sin necesidad de esperar a la fermentación.

3. Fermentación con otras bacterias

(Ejemplo: natto, p. 100)

El natto suscita amor u odio. Esta soja fermentada tras la siembra de la bacteria *Bacillus subtilis* se suele servir como acompañamiento del arroz del desayuno. Su aspecto extraordinariamente pegajoso y su intenso aroma a fermentación repelen a los no iniciados. Sin embargo, una vez superado el rito de paso, cuesta pasar sin él.

4. Conservación por salazón

Este método permite conservar los alimentos con sal y sin fermentación durante mucho tiempo. Se pueden guardar durante todo el año las flores de cerezo, el árbol que simboliza la primavera y cuya floración es extraordinariamente breve (p. 116); las hierbas silvestres cosechadas en la montaña (sansai) en primavera y a principios de verano; o las setas silvestres de otoño. La salazón nos permite capturar el sabor de las estaciones.

Nukazuke

VEGANO

(ENCURTIDOS EN SALVADO DE ARROZ)

糠漬け

- 500 g de salvado de arroz o de avena ecológico
- 80 g de sal
- 500 ml de agua sin cloro* (hervida y dejada enfriar)
- 2 cucharadas de postre natural de soja
- 5 g de alga kombu seca cortada en 2-3 trozos
- 1 pimiento morrón grande
- 2 setas shiitake secas (opcionales)
- legumbres para sutezuke (tallos de brócoli, piel de zanahoria o zanahoria algo pasada, las hojas externas de un repollo...)
- verduras para nukazuke (véase «Elaboración del nukazuke»)
- sal

A

Nukadoko, la base del nukazuke (*nuka*, 'salvado de arroz'; *doko*, 'cama')

Remueve en una ensaladera el salvado y la sal. Vierte el agua y mezcla bien con las manos (limpísimas) **(A)**. Añade con la mano el postre de soja, cuyas bacterias lácticas vegetales acelerarán la fermentación. Vierte el nukadoko en un recipiente con tapa, que habrás esterilizado previamente (tanto el recipiente como la tapa). Añade el alga kombu troceada, el pimiento y las setas shiitake secas. (El alga kombu y las setas shiitake aportan umami; el pimiento es antiséptico y antioxidante e impide la proliferación de bacterias perjudiciales.) Cierra herméticamente el recipiente y consérvalo a temperatura ambiente, protegido de la luz directa del sol.

Sutezuke, la fermentación del nukadoko (*sute*, 'tirar')

Hay que esperar entre 7 y 10 días para que el nukadoko esté listo para el nukazuke. Remueve a diario el nukadoko con una mano limpísima: haz que la parte que queda abajo suba arriba y que la parte que queda arriba descienda al fondo, para que las bacterias lácticas y las levaduras se desarrollen de un modo equilibrado.

Durante este periodo, prepara el sutezuke con las partes de las verduras que no se consumen o con verduras que estén ya algo pasadas, pero muy limpias (por ejemplo, 1 hoja de repollo y 2 trozos de 5 cm de tronco de brócoli). Mételas en el nukadoko, deja reposar 2 días, y luego sácalas y sustitúyelas por trozos de verduras frescas **(B)**. Repite la operación durante 7 a 10 días y no te olvides de remover a diario el nukadoko.

B

C

Elaboración del nukazuke

Ahora puedes encurtir casi cualquier verdura en el nukadoko, pero evita las que sean demasiado amargas o acuosas (sí que puedes meter ½ pepino, pero antes retira las pepitas). Pela las verduras, frótalas con una pizca de sal y sumérgelas en el nukadoko. En invierno, deja fermentar 24 horas; en verano, bastará con algunas horas. Luego, retira las verduras del nukadoko, lávalas y córtalas en trozos del tamaño de un bocado **(C)**. Sumerge otras verduras en el nukadoko.

Mantener el nukadoko

Si el nukadoko se ha vuelto demasiado líquido cuando hayan pasado unas semanas, haz uno o dos orificios, hunde un trozo de papel absorbente y déjalo una noche para que absorba líquido. Luego añade 2-3 cucharadas de salvado de arroz o de avena.

Si el nukazuke no es lo bastante salado, añade 1-2 cucharaditas de sal y remueve bien. Cambia el alga kombu y el pimiento aproximadamente una vez al mes.

Si vas a estar ausente durante un periodo prolongado (más de una semana), hay varias soluciones: lleva el nukadoko contigo (no es broma, el mío siempre viaja conmigo en verano); pídele a alguien de confianza que lo remueva todos los días; o cubre la superficie de sal y guárdalo en el frigorífico (cuando vuelvas, y antes de usarlo, retira la sal y la capa de nukadoko que haya estado en contacto con la sal).

El nukadoko exige mucha atención, ¡es como un bebé! Si le brindas los cuidados que necesita, puede durar años. En Japón, cada hogar tiene su nukadoko, atendido por la mujer. Cuando una de las hijas se casa y se marcha para fundar su propio hogar, su madre le da una parte de su nukadoko para que se lleve consigo el sabor del hogar. Es como un tesoro familiar.

NUKAZUKE DE SALVADO DE AVENA

Para las fotografías del libro, he usado salvado de avena, porque en Francia es muy difícil encontrar salvado de arroz. Por el contrario, encontrar salvado de avena en tiendas de productos bio es muy fácil y asequible, y funciona a la perfección, aunque la textura es bastante distinta. Con el salvado de arroz, el nukadoko adquiere una textura de arena mojada. Con el salvado de avena, es mucho más pegajoso y, como contiene más agua, es más fácil que proliferen bacterias perjudiciales. Por lo tanto, te aconsejo que lo guardes en el frigorífico si en tu casa hace calor en verano.

**Es importante que uses agua sin cloro, porque el cloro impide la fermentación.*

Shiozuke de repollo chino

VEGANO

(SALAZÓN JAPONESA)

白菜の塩漬け

A

B

1 repollo chino (de 1 kg como mínimo)
sal (3 % del peso del repollo: 30 g de sal por 1 kg de repollo)
7 g de alga kombu seca
1 yuzu o bergamota en rodajas finas
2 pimientos morrones

Con un cuchillo afilado, haz un corte de 5 cm en el corazón del repollo y, luego, parte el repollo por la mitad **(A)**. Repite el proceso con cada mitad de modo que partas cada una de ellas en tres trozos. Seca los trozos de repollo al sol 3 horas. La deshidratación potenciará su sabor.

C

D

Prepara una ensaladera o un cuenco lo bastante estrecho como para que los trozos de repollo queden bien prietos. Mete la sal entre las hojas de repollo, en la base y en el corazón. Deposita todo el repollo bien prieto en la ensaladera, vierte 200 ml de agua y da la vuelta a todos los trozos para que se mojen **(B)**. Cubre el repollo con una hoja de papel de horno y pon encima un plato de diámetro inferior al de la ensaladera, para que esté en contacto con el papel. Pon encima un peso 1,5 veces más pesado que el repollo (1,5 kg). Deja reposar 24 horas a temperatura ambiente y da la vuelta al repollo cuando hayan pasado 12 horas. Soltará mucha agua; deséchala y estruja con suavidad el repollo con las manos **(C)**.

Prepara un recipiente más pequeño y coloca los trozos de repollo bien prietos (los puedes superponer) para que no quede aire entre las hojas. Inserta los fragmentos de alga kombu y las rodajas de cítricos entre los trozos de repollo. Pon los pimientos encima **(D)**, tápalo todo con una hoja de papel de horno y con un peso idéntico al del repollo (1 kg). Deja reposar 2 días en un lugar fresco antes de consumirlo, para que la bacteria láctica tenga tiempo de desarrollarse. Luego, pásalo a un recipiente hermético y guárdalo en el frigorífico. Cuanto más tiempo lo conserves, más fermentará.

Sokuseki zuke

VEGANO

(ENCURTIDOS RÁPIDOS)

即席漬け

Espárragos con shiokoji y aceite de oliva

Salen 200 g de encurtidos

200 g de espárragos verdes finos y frescos

2 cucharadas de shiokoji (p. 98)

1 cucharada de aceite de oliva virgen extra

Limpia los espárragos y retira las partes duras. Mezcla todos los ingredientes en un recipiente hermético y deja marinar al menos 30 minutos en el frigorífico antes de servirlos.

Zanahoria con alga kombu y ajo

Salen 200 g de encurtidos

200 g de zanahorias arcoíris (o naranjas)

1 cucharada de salsa de soja

1 cucharada de mirin

1 cucharada de vinagre de arroz

3 g de alga kombu seca

1 diente de ajo majado

Pela las zanahorias y córtalas en bastoncitos. Mézclalas con el resto de los ingredientes en un recipiente hermético. Deja marinar al menos 30 minutos en el frigorífico antes de servirlas.

Rábano con shiokoji dulce-salado

Salen 150 g de encurtidos

150 g de rábano violeta, blanco, de sandía o azul, o de nabo

½ cucharadita de sal

1 cucharada de shiokoji (p. 98)

½ cucharada de azúcar sin refinar

Pela el rábano. Córtalo longitudinalmente por la mitad y luego en rodajas de 7 mm. Mételas en un bol, sazona y remueve bien. Deja que suden 30 minutos y escúrrelas. En un recipiente hermético, mezcla el rábano con el shiokoji y el azúcar. Deja marinar 15 minutos en el frigorífico antes de servirlo.

Nabo con alga kombu y cítricos

Salen 200 g de encurtidos

200 g de nabo (o de remolacha cruda)

4 g de alga kombu seca, cortada en rectángulos pequeños

¼ de un cítrico (bergamota, yuzu, limón...)

2 cucharaditas de zumo del mismo cítrico

½ cucharadita de azúcar sin refinar

1 cucharadita de sal

Pela el nabo y lamínalo lo más finamente que puedas con ayuda de una mandolina. Mezcla todos los ingredientes en un recipiente hermético y deja marinar al menos 1 hora en el frigorífico antes de servirlo.

Pepino al jengibre

Salen 150 g de encurtidos

½ pepino + 2 pizcas de sal

½ diente de ajo, rallado

3 g de jengibre fresco, en juliana fina

½ cucharadita de sal

1 cucharadita de vinagre de arroz

1 cucharadita de aceite de sésamo tostado

Lava el pepino, córtalo longitudinalmente por la mitad y retira las pepitas. Golpéalo con un rodillo de cocina y desmenúzalo en trozos del tamaño de un bocado. En un cuenco, mezcla el pepino con 2 pizcas de sal y déjalo sudar 30 minutos. Escúrrelo. Mezcla el pepino con el resto de los ingredientes en un recipiente hermético. Deja marinar al menos 30 minutos en el frigorífico antes de servirlo.

DATO ÚTIL

Todos los encurtidos se conservarán 3 días en el frigorífico.

Shiokoji

VEGANO

(CONDIMENTO FERMENTADO)

塩

麹

Salen 500 ml

- 170 g de koji seco
- 60 g de sal
- 230 ml de agua filtrada

Esteriliza un tarro sumergiéndolo en agua hirviendo 1 minuto. Mete todos los ingredientes en el tarro, remueve y cierra herméticamente. Guarda el recipiente a temperatura ambiente 7 días (en verano) o 10 días (en invierno), y remueve el contenido una vez al día con una cuchara limpia. El shiokoji se conservará hasta 6 meses en el frigorífico.

TRUCO

Puedes usar este condimento para que aporte su mágico umami a cualquier ingrediente. Sirve tanto para marinar o macerar verdura, pescado y carne (o tofu) como para aliñar una ensalada, condimentar una sopa o preparar un sokuseki-zuke (p. 96).

Natto

VEGANO

(SOJA FERMENTADA)

手作り納豆

発酵

保存食

El natto es un plato fermentado por la bacteria Bacillus subtilis *y es tan célebre como peculiar. Su textura superpegajosa y su sabor hacen que resulte inolvidable. Tan inolvidable que, o bien lo detestarás, o bien te cautivará por completo.*

200 g de semillas de soja amarilla enteras

Método A

2 cucharadas de natto (comercial o hecho en casa con anterioridad)

50 ml de agua hirviendo

Método B

2 puñados generosos de hierbas o de hojas comestibles (romero, menta, perejil, cilantro, ortigas, hojas de bambú, hojas de vid, hojas de higuera...) para acelerar la fermentación

Utensilios

1 termómetro

1 bol pequeño (método A)

1 recipiente esmaltado de 15 × 18 × 5 cm

gomas elásticas

Lava las semillas de soja en un bol lleno de agua. Cambia el agua 2-3 veces, hasta que salga clara. Deja las semillas en remojo en el triple de su volumen en agua 20 horas en invierno, 15 horas en primavera o 12 horas en verano. Para comprobar que las semillas se han hinchado completamente, parte una por la mitad: si el interior es liso, están listas; si está hundido, prolonga el remojo 1 o 2 horas más. Si es posible, comienza el remojo por la noche, de modo que puedas controlar el inicio de la fermentación al día siguiente.

Escurre las semillas de soja y cuécelas al vapor. **Cocción en olla a presión:** añade agua, calienta a fuego medio-alto; cuando empiece a silbar, prolonga la cocción de 20 a 25 minutos a fuego bajo; retira del fuego y deja que la presión baje por sí sola antes de abrir la olla. **Cocción en la vaporera:** cuece entre 1 h y 30 min y 2 h a fuego medio-bajo. Comprueba el punto de cocción: coge una semilla entre los dedos y aplástala. Si se chafa con facilidad, está lista. Si no, prolonga la cocción hasta que las semillas estén completamente tiernas (se endurecerán durante la preparación del natto, por lo que merece la pena que estén algo más blandas de lo que deseamos en el resultado final). Escurre.

Durante la cocción, aprovecha para esterilizar un bol pequeño (método A), el recipiente y una cucharilla de café metiéndolos 2 minutos en una olla de agua hirviendo. Deja que se sequen.

Método A

En el bol pequeño que has esterilizado, diluye las 2 cucharadas de natto en el agua hirviendo. Vierte las semillas de soja cocidas y aún calientes en el recipiente esterilizado (el calor mata las bacterias no deseadas, pero conserva al *Bacillus subtilis*). Añade el natto diluido. Tapa el recipiente con un papel absorbente y fíjalo con una goma elástica. Deja fermentar (véase más abajo). Remueve.

Método B

Mete las hierbas o las hojas en un bol y cúbrelas con agua hirviendo para desinfectarlas. Escúrrelas. Deposita la mitad en el fondo del recipiente que has esterilizado y añade las semillas de soja cocidas y aún calientes. Tapa la soja con el resto de las hierbas u hojas. Tapa el recipiente con papel absorbente y fíjalo con una goma elástica. Deja fermentar (véase más abajo). Remueve.

Fermentación

Deja el natto en un lugar caliente (45-50 °C) 18-24 horas.* Una vez haya fermentado, las semillas de soja quedarán cubiertas de una película blanca y verás hilillos pegajosos entre las semillas cuando las remuevas. Deja madurar el natto 2 días en el frigorífico antes de consumirlo y, si has usado el método B, acuérdate de retirar las hierbas o las hojas antes de meterlo en el frigorífico.

Sirve el natto acompañado de la parte blanca del puerro picada fina y salsa de soja o de mentsuyu (p. 14). Conserva 2 cucharadas de natto fermentado en el congelador, para la próxima vez.

DATO ÚTIL

*Una yogurtera te iría muy bien aquí. Si no tienes, haz como yo: pon el recipiente de natto sobre una bolsa de agua caliente llena de agua a 60 °C envuelta en un trapo y mételo todo, con un termómetro, en una bolsa isotérmica grande cerrada. En primavera y en verano, dejo la bolsa junto a una ventana expuesta al sol; en invierno, la dejo al lado de un radiador y la tapo con una servilleta grande. Comprueba la temperatura de vez en cuando y cambia el agua de la bolsa si el termómetro baja de los 40 °C. Has de prestar atención a la temperatura de fermentación durante las primeras horas. Por lo tanto, yo la controlo en múltiples ocasiones durante el día y cambio el agua de la bolsa antes de acostarme. ¡Así puedo dormir tranquila!

—

Si no encuentras semillas de soja, las puedes sustituir por garbanzos (atención, entonces, a los tiempos de cocción, que son mucho más cortos que los de la soja).

El miso

VEGANO

味

噌

¿Qué es?

El miso es una pasta de soja fermentada con koji, un hongo que permite la fermentación, y existe desde antes que la salsa de soja. Es indispensable en Japón.

Beneficios

Como dice el proverbio, «*miso ha isha irazu*», esto es, 'el miso alarga la medicina'. El miso es bueno para la flora intestinal y es rico en aminoácidos esenciales, que aportan al organismo proteínas de buena calidad. Contribuye a reducir el colesterol y se le atribuyen virtudes preventivas en relación con algunos tipos de cáncer y algunas enfermedades cardiovasculares.

¿Cómo se elige?

Da preferencia al miso preparado con sal y elaborado respetando todas las fases de la fermentación y con soja sin OGM. Solo debería contener soja, koji (o *Aspergillus oryzae*), sal y trigo o cebada. Lee la lista de ingredientes y comprueba que no haya ni potenciadores de sabor, ni colorantes ni conservantes.

Hay varios tipos de koji, que a su vez distinguen los distintos tipos de miso: el que se elabora con koji de arroz (kome miso); koji de trigo (mugi miso), o koji de soja (mame miso). También se puede hacer miso con distintos tipos de miso (awase miso). El sabor del miso depende de la proporción de koji y de la duración de la fermentación: cuanto mayor sea la proporción de koji y más breve sea la fermentación, más suave será el miso. Cuanto más claro sea el miso, más suave y afrutado será su sabor. Por el contrario, cuanto más oscuro sea y más larga haya sido la fermentación, más intenso será su sabor y más elevado será su contenido en sal, porque la sal permite prolongar la fermentación.

Los distintos tipos de miso

Miso negro ① (haccho miso o mame miso): es miso puro de soja con una fermentación muy prolongada. Tiene un sabor peculiar y muy potente, pero no tiene un contenido en sal demasiado elevado.

Miso rojo ② (aka miso): tiene un sabor más pronunciado y es más salado que el miso blanco.

Miso marrón o pálido (tanshoku miso): es de sabor más bien neutro, por lo que es el más fácil de usar en la cocina. (En la foto, es miso de arroz ③ y de garbanzo ④, de Sanga. Aunque nunca he visto miso de garbanzo en Japón, lo cierto es que está muy bueno.)

Miso blanco o amarillo ⑤ (shiro miso): es el más suave y afrutado.

¿Dónde se compra?

En Francia, ahora hay varios productores de miso de calidad, como Sanga (véase el reportaje de la p. 107), entre otros. Como en otros países, encontrarás también miso de calidad en tiendas bio, en tiendas de alimentación japonesa y en internet.

La mayoría de la gente usa miso comercial, aunque cada vez hay más personas que descubren las virtudes de hacerlo en casa. Es bastante sencillo, requiere pocos ingredientes (véase el paso a paso en la p. 108) y hay pocas cosas mejores que un buen miso casero.

①
②
③
④
⑤

Sopas de miso variadas

味噌汁

MISO ROJO O MAME MISO
(4 RACIONES)

Almejas

200 g de almejas

700 ml de dashi (p. 166) o de shojin dashi vegano (p. 122)

2,5 cucharadas de miso rojo o mame miso

Haz que las almejas expulsen la arena poniéndolas en remojo en 200 ml de agua y 1 cucharadita de sal 2-3 horas. Enjuágalas. Mételas en una cazuela con el dashi, calienta a fuego bajo y lleva a ebullición. Retira la espuma de la superficie si es necesario. Una vez se hayan abierto todas las almejas, apaga el fuego y diluye el miso.

Natto

4 cucharadas de natto (p. 100)

1 cebolleta, cortada en rodajas finas

700 ml de dashi (p. 166 o 122)

3 cucharadas de miso rojo o mame miso

Lleva el dashi a ebullición a fuego medio en una cazuela. Apaga el fuego, añade el natto y diluye el miso. Agrega la cebolleta. También puedes añadir dados de tofu firme o algunas setas. El fuerte olor y la película pegajosa del natto desaparecerán en la sopa, por lo que comerlo así es muy fácil. ¡Y delicioso, claro!

MISO MARRÓN
(4 RACIONES)

Verduras salteadas

80 g de rábano (blanco o negro)

⅓ de zanahoria

¼ de cebolla

½ calabacín

60 g de tupinambo (o de patata)

60 g de setas

3 g de jengibre fresco, pelado y cortado en rodajas

1 cucharada de aceite vegetal

700 ml de dashi (pp. 166 o 122)

3 cucharadas de miso marrón

Pela las verduras y córtalas en trozos del tamaño de un bocado. Calienta el aceite y el jengibre a fuego medio en una cazuela. Añade las verduras y saltéalas 1 minuto. Vierte el dashi y cuece a fuego bajo 5 minutos, hasta que las verduras estén tiernas. Retira del fuego y diluye el miso.

Sopa de miso fresca

¼ de pepino en rodajas muy finas + 1 pizca de sal

8 tomates cherri, cortados por la mitad

2 hojas de shiso, picadas finas (opcional)

700 ml de dashi (pp. 166 o 122), enfriado y refrigerado

3 cucharadas de miso marrón

Sazona el pepino, déjalo sudar 15 minutos y escúrrelo estrujándolo entre las manos. Reparte el pepino y las mitades de tomate cherri en boles. Diluye le miso en el dashi frío. Sirve en los boles. Esparce el shiso por encima.

MISO BLANCO
(4 RACIONES)

Nabo

4 nabos pequeños muy frescos y enteros, con las hojas

½ cucharadita de salsa de soja

4 trocitos de cáscara de yuzu o de bergamota

750 ml de dashi (pp. 166 o 122)

3 cucharadas de miso blanco

Pela los nabos. Lava las hojas y blanquéalas 1 minuto en agua hirviendo. Escúrrelas presionando con las manos. Córtalas en trozos de 3 cm. Leva a ebullición el dashi, los nabos y la salsa de soja, y cuece a fuego bajo hasta que los nabos estén tiernos. Apaga el fuego y diluye el miso. Reparte los nabos y las hojas en 4 boles. Sirve la sopa y añade la cáscara del cítrico elegido.

Tofu sedoso

150 g de tofu sedoso

60 g de alga wakame seca rehidratada siguiendo las indicaciones del fabricante

700 ml de dashi (pp. 166 o 122)

3 cucharadas de miso blanco

chile en polvo o shichimi (mezcla de 7 especias japonesas)

Corta el alga wakame en trozos del tamaño de un bocado. Lleva el dashi a ebullición. Añade el wakame. Apaga el fuego y diluye el miso. Reparte el tofu sedoso en 4 boles con ayuda de una cuchara sopera. Sirve la sopa caliente con cuidado y condimenta con el chile en polvo.

Sanga

さんが

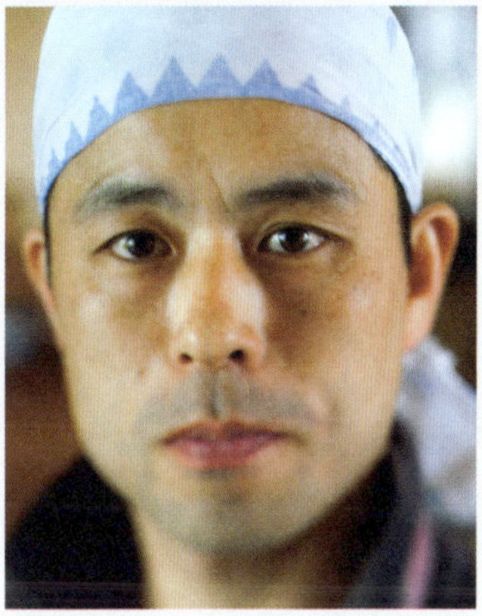

Oí el nombre de Sanga de boca de muchas personas: cocineros profesionales, amantes de la cocina japonesa o amigos japoneses. «¿Aún no has probado el miso de Sanga? ¡Te encantará!» Pues no… no lo había probado nunca, porque compraba el miso en Japón.

El nacimiento de mi hija cambió drásticamente cómo preparaba la comida. Antes, me contentaba con cocinar lo que me apetecía comer. Con especias, con demasiada grasa, con un único ingrediente… ¡todo era posible! Sin embargo, ahora que tenía a mi pequeña, tenía que preparar platos sanos a diario. Por lo tanto, todas las mañanas, me ponía a preparar sopa de miso con abundantes verduras. Es un plato muy equilibrado y que aporta todos los beneficios del miso: enzimas, bacterias lácticas, proteínas beneficiosas… Además (y eso es muy importante para mí), está buenísima. Sin embargo, la pequeña cantidad de miso que traía de Japón ya no era suficiente. Y fue así como al fin probé el miso de Sanga. Y fue así también como lamenté habérmelo perdido durante todos esos años. Es un miso sublime y elaborado en Francia.

El miso de Sanga tiene un sabor muy afrutado y es tan fresco y está tan «vivo» que uno siente de verdad el gusto de los ingredientes de calidad (ecológicos, por supuesto) y todo el mimo y el respeto con que abordan todos los pasos de la fermentación, incluido el cultivo de su propio koji. Ahora siempre compro su miso en Francia.

Y para mi familia y para mí, un buen miso es como un medicamento que nos garantiza salud y felicidad a diario. A partir de ese momento, me puse a buscar productores franceses de productos japoneses. Antes creía que la calidad de los productos japoneses hechos en Japón era imbatible. Estaba equivocada. Algunos de los productos que se elaboran en Francia son incluso mejores.

Miso

VEGANO

手作り味噌

A

B

Salen 2,5 kg de miso

500 g de semillas de soja amarilla enteras

500 g de koji de arroz seco

200 g de sal

el agua de cocción de la soja

540 g de sal en una bolsa (para el peso: calcula un 30 % del peso del miso, es decir, 1800 × 30 % = 540 g)

**El koji es el cultivo de un hongo «noble», el* Aspergillus oryzae*, que crece en cereales (como el arroz, la cebada, la soja...) y que promueve la fermentación de alimentos para elaborar, por ejemplo, miso, shoyu, sake o mirin. Es indispensable en la cocina japonesa y ahora se puede comprar en línea.*

Desinfecta con alcohol un recipiente de 3,5 litros de capacidad y con tapa en el que fermentarás el miso (puede ser de cerámica, de metal, de vidrio o de plástico).

Mete las semillas de soja en un bol lleno de agua y límpialas frotándolas con las manos. Cambia el agua dos o tres veces, hasta que salga limpia y clara. Luego, deja las semillas en remojo en el triple de su volumen de agua 20 horas en invierno, 15 horas en primavera o 12 horas en verano. Para comprobar que las semillas se hayan hinchado completamente, parte una por la mitad: si el interior es liso, están listas; si está hundido, prolonga el remojo 1 o 2 horas más y vuelve a comprobar. Escurre las semillas y pásalas a una cazuela o una olla a presión y cúbrelas con agua, que ha de quedar 1 cm por encima del nivel de las semillas.

Cocción en la olla a presión: asegúrate de no superar el nivel máximo y, si es necesario, cuece las semillas de soja por tandas. Calienta a fuego medio-alto. Una vez empiece a silbar, prolonga la cocción 20-25 minutos a fuego bajo. Retira del fuego y deja bajar la presión de forma natural antes de abrir la olla.

C

D

Cocción en la cazuela: cuece entre 1h 30 min y 2 h a fuego medio. Si el nivel del agua queda por debajo del de las semillas, añade más.

Comprobación del punto de cocción: coge una semilla entre los dedos y aplástala. Si se chafa con facilidad, está lista **(A)**. Si no, prolonga la cocción hasta que las semillas estén completamente tiernas. Escurre y reserva parte del agua de cocción en un bol. Deja que se temple.

Tritura las semillas en un robot de cocina hasta que obtengas una masa lisa **(B)** o mételas en una bolsa y aplástalas con una botella de vino o con los pies.

En una ensaladera, mezcla el koji y la sal, añade la soja triturada y amasa con las manos (¡limpísimas!) hasta que obtengas una masa homogénea **(C)**. Si la masa está seca o se rompe en trocitos, añade un poco del agua de cocción. Has de obtener una masa tan lisa como «el lóbulo de la oreja».

Forma una gran bola compacta (del tamaño de una pelota de baloncesto) con una buena cantidad de la masa. Lánzala con fuerza al fondo de un recipiente y luego aplástala con el puño para evitar que se formen burbujas de aire que darían lugar a moho. Repite la operación con el resto de la masa.

Alisa la masa y envuélvela en papel film bien prieto. Deposita el peso (la bolsa de sal) encima y ciérralo con la tapa. Colócalo en un lugar a temperatura ambiente, ni demasiado húmedo, ni demasiado caliente, ni demasiado frío, y al abrigo de la luz.

Comprueba todos los meses que no aparezca moho sobre el miso. Si apareciera, retíralo, espolvorea la zona con sal y vuelve a cubrirlo. Al cabo de tres meses, dale la vuelta (la parte inferior pasará a estar arriba) con las manos muy limpias. Vuelve a taparlo con el peso y la tapa. Deja fermentar 6 meses más antes de probarlo **(D)**.

TRUCO

Si no encuentras semillas de soja, las puedes sustituir por garbanzos (atención, entonces, a los tiempos de cocción, que son mucho más cortos que los de la soja). ¡También quedará delicioso!

Caballa

EN CALDO DE MISO

鯖の味噌煮

4 raciones
Preparación: 10 min
Cocción: 20 min

- 500 g de filetes grandes de caballa
- ½ pimiento amarillo
- 1 puerro
- 50 ml de sake
- 350 ml de agua
- 1 cucharada de salsa de soja
- 2 cucharadas de mirin
- 1,5 cucharadas de azúcar sin refinar
- 2 rodajas finas de jengibre fresco
- 3 cucharadas de sopa de miso (marrón o rojo)

Guarnición

- 3 cm de la parte blanca de un puerro
- 1 pizca de chile en polvo (opcional)

Para la guarnición, corta en una juliana muy fina la parte blanca del puerro, ponla en remojo 15 minutos en un bol lleno de agua y escúrrela bien.

Limpia las verduras. Corta el pimiento en ocho tiras y retira las pepitas. Corta el puerro en trozos de 3 cm. Corta los filetes de caballa longitudinalmente por la mitad y, con un cuchillo, traza una cruz superficial en la piel, para que se cueza de manera uniforme. En una sartén o cazuela lo suficientemente grande, vierte el sake, el agua, la salsa de soja, el mirin, el azúcar y las rodajas de jengibre. Lleva a ebullición. Deposita los trozos de caballa, con la parte de la piel hacia abajo y sin que se superpongan, y luego el pimiento y el puerro. Tapa la cazuela y deja cocer a fuego medio 10 minutos. Pasa a un bol algunas cucharadas de líquido de cocción, diluye el miso en este líquido, devuélvelo a la cazuela, tápala y prolonga la cocción 5 minutos más. Destapa la cazuela y mantén al fuego entre 2 y 4 minutos o hasta que el líquido se haya evaporado.

Sirve con una fina juliana de puerro y el chile en polvo.

Dengaku

VEGANO

(BROCHETAS DE VERDURAS CON SALSA DE MISO)

田

楽

4 raciones
Preparación: 25 min
Cocción: 1 h

- 2 tupinambos
- 2 zanahorias pequeñas
- 160 g de rábano daikon (o una mezcla de rábano blanco y violeta o solo un tipo)
- 4 nabos pequeños (unos 200 g)
- 1 cucharadita de arroz japonés crudo

Salsa dengaku

- 3 cucharadas de miso rojo (o marrón)
- 2,5 cucharadas de azúcar sin refinar
- 3 cucharadas de mirin
- 2 cucharadas de agua
- 5 g de nueces picadas

Caldo

- agua
- 5 g de alga kombu seca
- 2 pizcas de sal

Guarnición

- 5 g de nueces, picadas
- la cáscara de ¼ de yuzu o de bergamota, picada fina
- 4 briznas de cebollino, picadas finas

Prepara la salsa dengaku. Mezcla el miso, el azúcar, el miri y el agua en un cazo pequeño. Lleva a ebullición sin dejar de remover hasta que el líquido espese. Retira del fuego y añade las nueces.

Pela todas las verduras. Corta las zanahorias longitudinalmente por la mitad. Corta el rábano daikon en rodajas de unos 3,5 cm y luego longitudinalmente en cuatro o seis trozos. Recorta los bordes de los tupinambos, de las zanahorias y del rábano daikon para redondearlos y evitar que se rompan durante la cocción.

Deposita los nabos, el rábano daikon y el arroz japonés en una olla con agua. Lleva a ebullición y cuece 30 minutos. Escurre.

Ensarta en brochetas toda la verdura troceada.

Prepara el caldo en una olla grande: mete el alga kombu y la sal, y vierte agua suficiente para cubrir las brochetas. Sumerge las brochetas y cuece 30 minutos.

Sirve la salsa en un bol pequeño y la guarnición en platos también pequeños. Coloca la marmita en el centro de la mesa y sirve directamente de allí.

Espaguetis

VEGANO

CON BERENJENA, PIMIENTO Y SALSA DE MISO

茄子味噌スパゲッティー

4 raciones
Preparación: 20 min
Cocción: 20 min

- 360 g de espaguetis
- 1 cebolla amarilla
- 1 berenjena
- 1 pimiento verde
- 1 diente de ajo, picado
- 5 g de jengibre fresco, picado fino
- 2 cucharadas de aceite de oliva virgen extra
- 120 g de natto (opcional) (p. 100)

Salsa

- 4-5 cucharadas de miso rojo
- 5 cucharadas de mirin
- 2 cucharaditas de azúcar sin refinar
- 1 cucharada de salsa de soja

Guarnición

- algunas hojas de cilantro
- 1 chile rojo fresco, cortado en rodajitas
- sal, pimienta

Corta la cebolla en rodajas grandes de 2,5 cm de grosor. Corta la berenjena longitudinalmente en cuartos y luego en tiras de 7 mm de grosor. Corta el pimiento por la mitad, vacíalo y córtalo en tiras gruesas de 2,5 cm de largo, luego corta cada tira longitudinalmente por la mitad.

Mezcla en un bol todos los ingredientes de la salsa.

Calienta el aceite de oliva en una sartén, añade el ajo y el jengibre picados, y luego la berenjena, la cebolla y el pimiento. Condimenta con pimienta y saltea hasta que la verdura se haya hecho, pero siga ligeramente crujiente. Reserva.

Lleva a ebullición una olla grande llena de agua con sal (4 litros de agua + 1 cucharada de sal) y añade los espaguetis. Cuécelos hasta que estén *al dente*. Escurre la pasta y añádela a la sartén con la verdura salteada. Caliéntalo todo, añade la salsa y remueve bien. Comprueba el punto de sal y añade más si es necesario.

Retira del fuego y añade el natto. Sirve en 4 platos. Esparce hojas de cilantro y rodajitas de chile por encima y condimenta con pimienta.

Esta era una de mis recetas preferidas cuando era pequeña. Mi madre preparaba con frecuencia esta fusión de miso y aceite de oliva. Antes, en Japón, todas las recetas con pasta italiana llevaban o salsa boloñesa o napolitana (espaguetis salteados con kétchup). Sin embargo, hacia finales de la década de 1980, con la explosión de la cocina italiana (ita-meshi), los ingredientes italianos llegaron por fin a las cocinas domésticas, donde se empezaron a preparar múltiples platos que fusionaban la pasta y la gastronomía japonesa. No sé dónde aprendió mi madre esta receta, pero sigue siendo una de mis preferidas. Si te gusta el natto (p. 100), no dudes en añadirlo. ¡Está increíblemente bueno!

Flores de cerezo a la sal

VEGANO

桜の塩漬け

Sale un tarro de 250 ml

- 150 g de flores de cerezo
- 45 g de sal (o el 30 % del peso de las flores)
- 3-4 cucharadas de zumo de limón
- una buena cantidad de sal, para la conservación

Lava con sumo cuidado las flores de cerezo en un bol lleno de agua. Enjuágalas cuidadosamente entre dos paños de cocina limpios. Cubre el fondo de un recipiente con parte de las flores. Sálalas y riégalas con zumo de limón. Haz otra capa de flores, de sal y de zumo de limón, y repite el proceso hasta que te quedes sin flores, sin sal y sin zumo de limón. Termina con una capa de sal. Cubre con papel de horno o film y pon encima un recipiente más pequeño que el que contiene las flores, de modo que se apoye directamente sobre el papel. Mete en ese recipiente un peso de 100 g (un tarro lleno de agua, por ejemplo). Deja reposar en el frigorífico 3-4 días.

Extiende las flores sobre cestos zaru o en papel absorbente, sin superponerlas. Déjalas secar en un lugar fresco y al abrigo de la luz directa 2 días: las flores han de mantener un poco de humedad. Recupera el jugo que quede en el recipiente: se habrá convertido en un vinagre de flores de cerezo.

Cubre el fondo de un recipiente con una capa de flores secas, cúbrela a su vez con una capa de sal, y alterna estas capas hasta que se acaben las flores. Termina con una generosa capa de sal. Las flores se conservarán 1 año a temperatura ambiente en el tarro cerrado, ¡te durarán hasta la próxima floración de los cerezos!

Utiliza flores que solo se hayan abierto en un 70-80 %. Para consumirlas, enjuágalas en un bol de agua para retirar la sal y sécalas con cuidado. (Para eliminar la sal por completo, déjalas en remojo 2-3 minutos.)

Las flores de cerezo se utilizan en guarniciones (chirashi, p. 64; bento de pollo, p. 196), en bebidas (cóctel, p. 216) y postres (galletas, kohakuto, p. 246), lo que permite disfrutar del aroma de la primavera durante todo el año.

野菜

VERDURA

Yasai

やさい

Hacía tiempo que quería visitar la plantación de verduras japonesas ecológicas que Yasai había establecido en Turena (Francia) y conocer a su productora, Anna Shoji. Seguía su cuenta en Instagram, donde veía las magníficas verduras que producían y a su hija jugando con las gallinas y las cabras. Cuando comencé a trabajar en este libro, pensé en ella inmediatamente.

La visité un día de verano. Anna nos enseñó los campos, bajo un cielo azul y bonitas nubes estivales, como en Japón. Luego, probamos fideos somen frescos (p. 34) con muchas de las verduras que Anna había cosechado delante de nuestros ojos con gestos elegantes y seguros.

El nabo japonés es extraordinariamente jugoso y dulce; el pepino japonés es muy crujiente; el edamame siempre es pequeño al comienzo de la temporada, pero sus habas son sabrosísimas; me encantan las grandes hojas del tsuru-murasaki, pero hasta entonces no lo había encontrado en Francia; el shiso es muy aromático; el gobo, que es el salsifí japonés… Todo estaba tan bueno que no daba crédito a las sensaciones que me transmitía el paladar. ¡Estábamos en Francia! Todo comenzó cuando Anna trabajó como intérprete/coordinadora en un proyecto de construcción de autopistas en Argelia. Se lanzó a cultivar verduras japonesas en su jardín y sintió un placer inmenso al ver que podía cultivar y comer las verduras de su país. Dejó el trabajo y se instaló en Francia, motivada por la pasión de dar a conocer a los franceses el verdadero sabor de las verduras japonesas. Hoy, las verduras de Yasai son apreciadas tanto por profesionales como por particulares y su producción no deja de evolucionar. Este año han plantado raíces de loto en su lago. Es la tercera vez que lo intentan. ¡Estoy deseando probarlas!

Shojin dashi

VEGANO

精進だし

Sale 1 litro de shojin dashi
Preparación: 3 min
Reposo: entre 2 h y 1 noche

1 l de agua filtrada

5 g de alga kombu seca

10 g de setas shiitake secas

Rehidrata el alga kombu y las setas shiitake. Lo puedes hacer de dos maneras. Método 1: mete las setas shiitake y el alga kombu en un tarro, vierte agua hirviendo, cierra el tarro y deja infusionar un mínimo de 2 horas. Método 2: introduce las setas shiitake y el alga kombu en un recipiente, añade agua, cierra el recipiente y deja infusionar 1 noche.

El shojin dashi se conservará 3 días en el frigorífico (con el alga kombu y las setas shiitake dentro del recipiente) y 1 mes en el congelador (retira los ingredientes sólidos antes de congelarlo).

Es sencillísimo de preparar. Yo preparo shojin dashi cada tres o cuatro días, para tenerlo siempre listo. Es la base de la cocina cotidiana vegana y una fuente excelente de vitamina D y de minerales. Ahora que mi hija tiene dos años, me tranquiliza saber que siempre cuento con dashi en el frigorífico, listo para poder prepararle una buena sopa de miso a diario.

TRUCOS

Personalmente, prefiero el método 2 para rehidratar el alga kombu y la setas shiitake, porque potencia más el sabor de los ingredientes.

—

Para utilizar el resto del alga kombu, consulta las recetas de furikake (p. 167) o de los encurtidos rápidos (p. 96). Puedes aprovechar las setas shiitake en multitud de recetas (relleno de gyozas, p. 40; relleno de bollitos, p. 52) o usarlas en lugar de champiñones frescos.

Gomadofu

VEGANO

(TOFU CON SÉSAMO)

胡
麻
豆
腐

4 raciones
Preparación: 10 min
Reposo: entre 4 y 12 h
Cocción: 10 min

400 ml de agua

5 g de alga kombu seca

50 g de kuzu en polvo

50 g de pasta de sésamo blanco (o negro)

1 pizca de sal

Guarnición

wasabi

jengibre fresco, rallado

salsa de soja

semillas de sésamo

flores de rúcula

Rehidrata el alga kombu poniéndola en remojo al menos 3 horas (idealmente, toda la noche). Retira el kombu, introduce el kuzu en el agua del remojo del alga kombu y dilúyelo por completo con ayuda de una batidora de varillas manual. Añade la masa de sésamo y dilúyela también completamente. Añade la sal y remueve.

Humedece el fondo de una placa con bordes (o de un recipiente) de 12 × 18 cm.

Calienta a fuego medio y en un cazo pequeño la mezcla que has preparado. Remueve sin cesar con una espátula, asegurándote de que tocas el fondo del cazo. Cuando la textura se espese y empieces a ver el fondo del cazo al remover, reduce a fuego bajo. Sigue removiendo unos 5 minutos más, trazando grandes círculos en el fondo.

Vierte la mezcla sobre la placa humedecida, alisa la superficie, levanta y deja caer la placa varias veces sobre la superficie de trabajo para retirar el aire. Deja que se enfríe a temperatura ambiente y tapa la superficie con papel de horno o con papel film. Métela en el frigorífico 1 hora antes de servir. Añade la guarnición que prefieras y riega con un poco de salsa de soja.

COMENTARIO

Encontrarás kuzu en tiendas de alimentación bio o japonesa. Si no lo encuentras, lo puedes sustituir por fécula de maíz o harina de arrurruz. De todos modos, con el kuzu quedará más bueno.

Kinpira

(VERDURAS SALTEADAS A LA JAPONESA)

金
平

野
菜

4 raciones

Kinpira de pimiento verde VEGANO

1 pimiento verde
1 cucharada de aceite de colza
1 pizca de sal
1 hoja de alga nori
1 cucharada de salsa de soja

Corta el pimiento longitudinalmente por la mitad, retira las pepitas y corta cada mitad en 8 tiras. Disponlas en una cazuela, con la piel hacia abajo. Riega con el aceite y sazona. Tapa y cuece 3 minutos a fuego medio. Da la vuelta a las tiras de pimiento, añade la salsa de soja y cuece 5 minutos sin tapar y hasta que el pimiento esté tierno. Retira del fuego y esparce por encima el alga nori desmenuzada con las manos.

Kinpira de zanahoria VEGANO

1 zanahoria (90 g)
1 cucharada de mirin
1 cucharadita de salsa de soja
½ cucharadita de sal
2 cucharaditas de aceite de sésamo tostado

Pela la zanahoria y córtala en una juliana fina. Calienta el aceite en una sartén y saltea la zanahoria a fuego medio 3 minutos o hasta que esté hecha, pero siga crujiente. Añade los condimentos y saltea 1 minuto más.

Kinpira de salsifí y setas shiitake VEGANO

1 seta shiitake
1 salsifí grande
1 cucharada de salsa de soja
1 cucharada de mirin
1 cucharadita de vinagre de arroz
1 cucharada de aceite de girasol

Retira el pie de la seta shiitake y córtala en láminas finas. Pela el salsifí y córtalo en cintas con ayuda de un pelador de verduras. Viértelas en un bol lleno de agua y déjalas 5 minutos en remojo. Escúrrelas bien. Calienta el aceite en una cazuela y saltea a fuego medio las cintas de salsifí y la seta shiitake laminada 2 minutos. Añade los condimentos y saltea 1 minuto más.

Kinpira de patata VEGANO

2 patatas pequeñas con la pulpa firme
2 cebolletas
½ cucharadita de sal
½ cucharada de salsa de soja
1 cucharada de vinagre de arroz
1 cucharada de aceite de girasol

Pela las patatas y córtalas en una juliana fina. Mételas en un bol, cúbrelas de agua y déjalas reposar 30 minutos. Escúrrelas y sécalas con papel de cocina. Pica las cebolletas. Calienta el aceite en una sartén y saltea a fuego vivo las patatas 1 minuto. Añade los condimentos y saltea 1 minuto más. Añade la cebolleta y retira del fuego.

Kinpira de tupinambo y alga kombu VEGANO

2 tupinambos (180 g)
1 lámina de alga kombu de 5 × 5 cm que se haya usado para preparar dashi (p. 122)
1,5 cucharadas de mirin
1,5 cucharadas de salsa de soja
1 cucharada de aceite de sésamo tostado

Pela los tupinambos y córtalos en rodajas de 2-3 mm de grosor. Corta el alga kombu en una juliana fina. Calienta el aceite en una sartén y saltea a fuego medio el tupinambo y el alga kombu 3 minutos o hasta que estén hechos, pero sigan crujientes. Añade los condimentos y saltea 1 minuto más.

Kinpira de apio

2 ramas de apio (tallos y hojas)
1 pizca de sal
1 cucharadita de salsa de soja
1 cucharadita de azúcar
1 cucharada de aceite de girasol o de colza
1 puñadito de virutas de katsuobushi (bonito seco)

Limpia el apio y córtalo al bies en rodajas de 3-4 mm de grosor. Calienta el aceite en una sartén y saltea a fuego medio el apio 3 minutos o hasta que esté hecho pero siga crujiente. Añade los condimentos y saltea 1 minuto más. Añade el katsuobushi, frotándolo entre las manos para que se desmenuce.

Agebitashi

(VERDURAS FRITAS Y MARINADAS)

揚げびたし

4 raciones
Preparación: 15 min
Marinada: de 1 a 12 h
Cocción: 15 min

1 berenjena
2 zanahorias pequeñas
12 vainas de judías verdes
1 calabacín
1 pimiento rojo pequeño
1 pimiento amarillo pequeño
4 setas shiitake grandes
aceite para freír

Marinada
200 ml de mentsuyu (p. 14)
500 ml de agua
200 ml de vinagre de arroz

Limpia toda la verdura. Corta la berenjena en trozos grandes y ponlos en remojo en agua salada 5 minutos. Escúrrelos y sécalos. Corta el rabillo largo de las judías (conserva la punta de la vaina). Corta las setas shiitake por la mitad y desecha la base del pie. Corta las zanahorias longitudinalmente por la mitad, el calabacín en rodajas de 1 cm y los pimientos en ocho tiras, después de haber eliminado las pepitas.

Mezcla todos los ingredientes de la marinada en un recipiente grande y con cierre hermético. Calienta en una sartén honda 3 cm de aceite para freír hasta que alcance 170 °C. Fríe las verduras en varias tandas, escúrrelas y métELAS en el recipiente con la marinada mientras aún estén calientes. Déjalas marinar al menos 1 hora antes de consumirlas. Quedarán aún más buenas si las preparas la víspera, porque así tendrán tiempo de absorber el umami del mentsuyu durante la noche.

Sírvelas con arroz o vierte las verduras y la marinada sobre fideos somen frescos (p. 34). Es un plato perfecto y sencillo para el verano. El agebitashi se conservará 3 días en el frigorífico.

TRUCO

Al poner en remojo la berenjena en agua salada, evitas que luego absorba demasiado aceite.

VERSIÓN VEGANA

Sustituye el mentsuyu por mentsuyu shojin (p. 14).

Korokke

VEGANO

(BUÑUELOS DE PATATA)

コロッケ

4 raciones
Preparación: 45 min
Cocción: 1 h

600 g de patatas con la pulpa firme o harinosa

½ cebolla amarilla grande

60 g de setas shiitake (o de otro tipo)

5 g de jengibre fresco, picado fino

1 cucharada de aceite de oliva virgen extra

Condimento A

1 cucharadita de salsa de soja

1 cucharada de sake

1 pizca de sal

Condimento B

1,5 cucharadas de salsa de soja

1 cucharada de mirin

2 pizcas de sal, pimienta

Rebozado

6 cucharadas de harina

6 cucharadas de harina + 100 ml de agua

1 vaso de panko (pan rallado japonés)

aceite para freír

Bocadillo de korokke

4 raciones

8 rebanadas de pan tostado

4 korokkes

mostaza

salsa tonkatsu

salsa tártara (p. 176) sin eneldo

hojitas de hierbas aromáticas picaditas

Ensalada de col roja

160 g de col roja

2 cucharadas de uvas pasas

1 cucharadita de semillas de cilantro

2 cucharadas de vinagre de arroz

2 pizcas de sal

1 cucharada de aceite de oliva

Corta la cebolla en láminas finas en el sentido de las fibras. Retira los pies de las setas shiitake y córtalas en láminas finas. Calienta el aceite y el jengibre a fuego medio en una sartén. Sofríe la cebolla hasta que se dore. Añade las setas shiitake y sofríelas hasta que estén tiernas. Añade el condimento A y cuece 1 minuto más sin dejar de remover. Retira del fuego y reserva.

Lava las patatas y córtalas por la mitad. Cuécelas en agua o al vapor hasta que estén tiernas. Escúrrelas, pélalas y pásalas por el pasapurés o aplástalas con un tenedor. Mezcla la patata triturada y la mezcla de cebolla y setas shiitake. Añade el condimento B, remueve bien y forma 8 bolitas ovaladas y ligeramente aplanadas.

Prepara tres platos para el rebozado: uno con la harina, otro con la harina y el agua mezcladas, y otro con el panko, en este orden. Reboza todas las bolas primero en la harina, luego en la mezcla de harina y agua y, por último, en el panko. Deposítalas en un plato.

Vierte 3 cm de aceite para freír en una sartén honda y caliéntalo hasta que alcance 180 °C. Mete las bolitas y fríelas 3-4 minutos. Dales la vuelta de vez en cuando para que se doren en toda su superficie. Escúrrelas sobre papel de cocina. Sírvelas acompañadas de arroz, ensalada de col (receta a continuación) y salsa tonkatsu o en un bocadillo.

TRUCO

Cocer las patatas con la piel protege su sabor, pero, si no tienes demasiado tiempo, las puedes pelar antes.

Bocadillo de korokke

Prepara la ensalada de col. Corta la col en láminas finas, añade las uvas pasas, el vinagre, la sal y el aceite de oliva. Remueve bien.

Unta las rebanadas de pan con un poco de mostaza. Añade ensalada de col, un korokke, salsa tonkatsu, salsa tártara y hierbas.

Berenjena asada

VEGANO

焼きなす

4 raciones
Preparación: 5 min
Cocción: 20 min

- 2 berenjenas
- 20 g de jengibre fresco
- 5 hojas de shiso (opcional)
- 4 pizcas de virutas de katsuobushi (bonito seco) (opcional)
- salsa de soja

Lava las berenjenas. Pínchalas varias veces con la punta de un cuchillo afilado. Pela y ralla el jengibre. Corta las hojas de shiso en láminas finas.

Precalienta el horno a 250 °C.

Deposita las berenjenas sobre una bandeja de horno y ásalas 10 minutos por cada lado, para que se tuesten. Comprueba el punto de cocción pinchándolas con una brocheta: han de estar tiernas hasta el centro y la piel debe quedar carbonizada.

Saca las berenjenas y mételas inmediatamente en una bolsa de papel depositada sobre un plato. (El vapor ablandará la piel.) Espera 10 minutos y pélalas a mano.

Corta las berenjenas longitudinalmente por la mitad y disponlas en 4 platos. Esparce por encima el jengibre rallado, las hojas de shiso y el katsuobushi.

Riega con salsa de soja justo antes de servirlas.

Este plato me encanta en verano. La berenjena se funde y despide un maravilloso aroma ahumado. Es muy sencillo, pero me cautiva cada vez.

También puedes asar las berenjenas directamente sobre la llama del fogón, hasta que la piel se queme del todo y la berenjena esté hecha hasta el centro. ¡Saldrán aún más buenas! Sin embargo, propongo la cocción con el horno porque no todo el mundo tiene cocina de gas (yo misma, por ejemplo). Este plato también es muy buena idea para una barbacoa.

Boniato al horno

VEGANO

サツマイモのオーブン焼き

4 raciones
Preparación: 10 min
Cocción: 40 min

1 boniato (aproximadamente 500 g)

1 chorrito de aceite de oliva virgen extra

Salsa A

1 cucharadita de gochujang (pasta de chile coreana)

1 cucharadita de vinagre de arroz

1 cucharadita de azúcar sin refinar

1 cucharadita de salsa de soja

Salsa B

1 cucharada de salsa de soja

½ cucharadita de comino molido

1 cucharadita de sal

½ diente de ajo, rallado

el zumo de ½ limón ecológico

Guarnición

1 pizca de azúcar sin refinar

1 pizca de canela molida

1 cucharada de aceite de oliva virgen extra

5 nueces pacanas, picadas

2 pizcas de zumaque

la cáscara de ½ limón bio, cortada en láminas finas

algunas ramitas de eneldo

1 pizca de flor de sal

4 cucharadas de yogur o de postre de soja natural

Precalienta el horno a 200 °C.

Prepara las salsas. Mezcla en sendos boles grandes todos los ingredientes de la salsa A y todos los ingredientes de la salsa B.

Corta el boniato longitudinalmente por la mitad. Pasa las dos mitades de forma rápida por el grifo de agua fría y riégalas con un chorrito de aceite de oliva. Envuélvelas por separado en una hoja de papel de plata. Hornéalas unos 40 minutos. Estarán hechas cuando la pulpa esté tierna hasta el centro.

Dispón las mitades de boniato en un plato. Espolvoréalas con canela y azúcar. Riégalas con el yogur o el postre de soja, las dos salsas y un chorrito de aceite de oliva. Esparce por encima las nueces pacanas picadas, el zumaque, la cáscara de limón y las ramitas de eneldo. Remata con la flor de sal.

Ensalada de patata

VEGANO

ポテトサラダ

4 raciones
Preparación: 15 min
Reposo: 10 min
Cocción: 11 min

- 750 g de patatas
- 30 g de zanahoria
- ¼ de cebolla roja
- ¼ de pepino
- 6 cucharadas de mayosoja (p. 143) o de mayonesa clásica
- sal, pimienta

Condimento

- 1 cucharada de aceite de oliva virgen extra
- ½ cucharadita de sal
- 1,5 cucharaditas de azúcar sin refinar
- 1 cucharada de vinagre de arroz

Pela las patatas y córtalas en cuartos. Pela la cebolla roja y córtala en láminas muy finas en el sentido de las fibras. Mételas en un bol lleno de agua fría 5 minutos, para eliminar el amargor. Escúrrelas bien exprimiéndolas con cuidado entre las manos. Sécalas con papel de cocina. Lava el pepino, córtalo longitudinalmente por la mitad y retira las pepitas. Esparce una pizca de sal por encima y déjalo sudar 10 minutos. Presiónalo entre las manos para extraer el agua. Pela la zanahoria, córtala en cuatro tiras largas y luego en rodajas finas.

Mezcla todos los ingredientes del condimento en un bol pequeño.

Mete la patata en una olla grande y vierte agua hasta que quede sumergida. Lleva a ebullición y cuece 10 minutos, hasta que esté tierna cuando la pinches con la hoja de un cuchillo. Añade la zanahoria 2 minutos antes del final de la cocción. Escurre. Vuelve a meter la patata y la zanahoria en la olla y calienta unos 30 segundos a fuego medio, agitando la olla para que se evapore toda la humedad. Retira del fuego.

Añade el condimento y la cebolla a la patata y la zanahoria aún calientes. Absorberá el condimento mientras la cebolla se hace ligeramente. Deja enfriar. Añade el pepino y la mayosoja. Añade la pimienta, comprueba el punto de sal y de pimienta y corrige si es necesario.

De pequeña, esta era mi ensalada preferida. El sabor de la mayosoja casera es ligero y mejora aún más el plato. Te la aconsejo encarecidamente.

Mis condimentos caseros estrella

自家製調味料

Mayosoja ソイマヨネーズ ❀ VEGANO

Salen 120 ml de mayosoja

50 ml de bebida de soja sin azúcares ni aromas añadidos

60 ml de aceite vegetal neutro

1 cucharadita de mostaza de Dijon o a la antigua

2 cucharaditas de vinagre de arroz

1 pizca de azúcar sin refinar

2 pizcas de sal

Mezcla todos los ingredientes en un tarro de boca grande con ayuda de una cuchara. Cierra el tarro y mételo en el frigorífico 2-3 horas. Bate la mezcla refrigerada con una batidora de mano. Si la mayonesa queda demasiado líquida, vuélvela a meter en el frigorífico 2 horas más para que cuaje. Es perfecta para aliñar la ensalada de patata (p. 136) o en la salsa tártara (p. 176). Se conservará en el frigorífico 1 semana.

Este es mi condimento casero de más éxito. El sabor es tan parecido al de la mayonesa clásica (incluso mejor, en mi opinión) que los comensales apenas perciben la diferencia, pero es más sana y más ligera.

Rayu (aceite con especias y jengibre) 辣油 ❀ VEGANO

Salen 120 ml de rayu

15 g de chile rojo en escamas

2 chiles rojos secos, cortados en rodajas finas (o chile coreano dulce)

1 cucharada de pimienta de Sichuan

3 estrellas de badián

25 g de jengibre fresco, rallado

½ cucharadita de azúcar moreno

1 pizca de sal

90 ml de aceite de pepitas de uva, de girasol o de sésamo de primera presión en frío

Calienta el aceite en un cazo pequeño hasta que empiece a humear. Deposita en un bol el resto de los ingredientes y vierte el aceite por encima (con precaución, para no quemarte, y tampoco inhales el aire, porque hará que te escuezan los ojos y la garganta). Remueve bien y deja que se enfríe. Viértelo en un tarro. El rayu se conservará hasta 1 mes en el frigorífico.

Me encanta usarlo en rellenos para gyozas (p. 40) y en los hiyashi tantanmen (p. 30), pero también en el sashimi de sardina o incluso para aliñar patatas al vapor con flor de sal.

Ponzu (salsa de cítricos de temporada) ぽん酢

Salen 525 ml de ponzu

200 ml de salsa de soja

80 ml de mirin

10 cm de alga kombu seca

15 g de virutas de katsuobushi (bonito seco)

200 ml de zumo de cítricos de temporada (bergamota, yuzu, limón…)

Calienta en una cazuela y a fuego medio el mirin, la salsa de soja, el alga kombu y el katsuobushi. Apaga el fuego cuando empiece a hervir. Espera a que se enfríe del todo y, entonces, exprime el cítrico y añade el zumo a la preparación. Filtra la mezcla con ayuda de un colador de malla fina y extrae hasta la última gota. Trasvasa la salsa a un tarro esterilizado con agua hirviendo y déjala madurar un mínimo de 3 días. Cuanto más madure el ponzu, más bueno estará. Se conservará 6 meses en el frigorífico en un tarro cerrado.

Úsalo para aliñar sashimi de pescado blanco, en vinagretas de aceite de oliva, en salsas para fondue (p. 200), karaage (p. 194) o para saltear verduras.

TRUCOS

Encontrarás ponzu en tiendas de comestibles japonesas, pero cargado de potenciadores de sabor. No hay nada mejor que el ponzu casero.

—

Si no encuentras mirin, sustitúyelo por 60 ml de sake llevado a ebullición 2 minutos + 1,5 cucharadas de azúcar sin refinar.

PONZU VEGANO

Sustituye los 15 g de virutas de katsuobushi por 10 g de setas shiitake secas. Rehidrátalas durante toda una noche en la salsa de soja, el mirin y 40 ml de agua. Lleva a ebullición 2 minutos junto al alga kombu y sigue el resto de la receta tal y como está.

Tofu casero

VEGANO

自家製豆腐

A

B

Salen 900 g de tofu
Preparación: 1 h
Cocción: 20 m
Remojo y reposo: entre 12 y 20 h

300 g de semillas de soja amarilla enteras

agua A: 900 ml

agua B: 1 l

12 g de nigari (cloruro de magnesio marino) diluido en 120 ml de agua

Utensilios

1 caja para tofu de 10 × 13 × 8,5 cm (si no tienes, usa una cubeta para requesón de las mismas medidas o una caja de plástico con el fondo y los lados perforados)

1 bolsa de estameña (25 × 40 cm)

1 estameña

1 olla grande

1 termómetro

Lava las semillas de soja en un bol lleno de agua. Cambia el agua dos o tres veces. Luego, deja las semillas en remojo en el agua A durante 20 horas en invierno, 15 horas en primavera o 12 horas en verano. Para comprobar que las semillas se hayan hinchado completamente, parte una por la mitad: si el interior es liso, están listas; si está hundido, prolonga el remojo 1 o 2 horas más y vuelve a comprobar.

En un robot de cocina, tritura las semillas junto al agua del remojo en dos o tres tandas, hasta que obtengas una textura lisa y cremosa. Para limpiar el robot, vierte un vaso del agua B y ponlo en marcha.

Vuelca la mezcla (*gô*, en japonés) en una olla grande. Añade el agua B (incluida la de limpiar el robot). Idealmente, el gô no debería superar un tercio de la altura de la olla. Si llega a la mitad, se corre el riesgo de que se desborde durante la cocción. Calienta el gô a fuego vivo sin dejar de remover en ningún momento con una espátula de madera grande que llegue hasta el fondo de la olla: haz movimientos en zigzag y en cruz (el gô se quema con gran facilidad) **(A)**.

C

D

Cuando hierva (¡cuidado, la espuma subirá muchísimo!), apaga el fuego y sigue removiendo de la misma manera. Cuando la espuma baje, vuelve a encender el fuego y calienta a fuego bajo. Prolonga la cocción 8-9 minutos aproximadamente, sin dejar de remover.

Prepara una bolsa de estameña y vuelca el gô en el interior **(B)**. Amasa el gô con la mano (con guantes) o con una espátula mientras siga caliente, para extraer el máximo de jugo: ¡es bebida de soja casera! En japonés, llamamos «okara» a este residuo.

Vierte la bebida de soja en una cazuela. Caliéntala hasta que alcance los 80 °C sin dejar de remover hasta el fondo de la cazuela. Retira el líquido del fuego justo cuando rompa a hervir ligeramente y antes de que hierva del todo. Añade la mitad del nigari diluido vertiéndolo sobre la espátula y remueve con suavidad dibujando cruces en el fondo de la cazuela. Añade el resto del nigari de la misma manera, remueve y saca la espátula con cuidado. La preparación empezará a cuajar ahora **(C)**. Tapa y deja reposar 10 minutos.

Forra el interior de la caja para tofu con la estameña. Deposita la caja en un recipiente para que recoja el líquido que se escurra. Vierte la preparación en la caja para tofu y alisa la superficie **(D)**. Cierra la estameña y deposita un peso encima (puede ser un vaso o un bol lleno de agua). Deja que el tofu se escurra 30 minutos (o más, si quieres un tofu más firme).

Saca el tofu con cuidado y mételo en un recipiente lleno de agua. Deja reposar 30 minutos, para eliminar el amargor del nigari.

TRUCOS

El tofu casero se conservará 2-3 días en un recipiente hermético en el frigorífico. ¡Está mucho más bueno si lo consumes en el momento!

—

La okara se conservará 3 días en el frigorífico y 1 mes en el congelador. La puedes usar en otras recetas (por ejemplo: unohana, p. 152; buñuelo de okara y sésamo, p. 234).

El tofu

豆腐

Oí hablar de Suzu Tofu durante conversaciones con otros japoneses que viven en París y que buscaban un buen tofu. Entonces, desconocía que «Suzu» venía del fundador de la marca, *monsieur* Suzu, Akira Suzuki, que consagró su vida a elaborar «verdadero» tofu japonés en Francia. Ahora ya está jubilado, pero ha transmitido su sueño y su pasión a *madame* Ogawa, quien, dos veces a la semana y con sus dos colegas, comienza su jornada poniendo en marcha máquinas importadas de Japón para triturar las semillas de soja, preparar la bebida de soja más cremosa que haya probado jamás en Francia y elaborar un tofu fresco y sabroso con la ayuda de máquinas, pero siguiendo también los numerosos pasos de un meticuloso trabajo manual. El humo del vapor de la soja y el dulce aroma de la cocción de la bebida de soja me devuelven a la infancia. En mi barrio, siempre había al menos una tienda de tofu abierta cada día, desde muy pronto por la mañana, para que la gente que lo deseara pudiera desayunar. Es como una barra de pan recién salida del horno. No hay felicidad comparable a la de contar con un buen tofu fresco en la sopa de miso para comenzar la jornada.

Al igual que en Japón, el tofu de Suzu Tofu se corta con un gesto delicado y se conserva en agua para que conserve todo su frescor hasta el momento de ser consumido. *Madame* Ogawa me hizo probar un trozo de tofu aún caliente, recién cortado. Tenía el mismo sabor rico y delicado que el de mis recuerdos en Japón.

El tofu no es soso, sino que está repleto de sabor. Y lo puedes hacer en casa (véase el paso a paso en las pp. 140-141). Exige tiempo y mucho trabajo (por ese motivo existen tiendas de tofu en cada uno de los barrios japoneses), pero el esfuerzo merece la pena.

Ensalada de tofu

VEGANO

CON FRUTOS SECOS Y HIERBAS AROMÁTICAS

木の実とハーブの豆腐サラダ

4 raciones
Preparación: 10 min
Cocción: 5 min

400 g de tofu sedoso

20 g de una mezcla de semillas de sésamo, nueces y avellanas

Salsa

2 cucharadas de salsa de soja

1 cucharada de azúcar sin refinar

1 cucharada de aceite de sésamo tostado

4 briznas de cebollino

4 ramitas de cilantro

Ajo frito y su aceite

2 dientes de ajo, en láminas finas

3 cucharadas de aceite para freír

Pica en trozos grandes las nueces y las avellanas, y mézclalas con las semillas de sésamo. Pica finamente el cebollino y los tallos del cilantro. Reserva las hojas para la decoración.

Mezcla en un bol todos los ingredientes de la salsa.

Calienta el aceite y el ajo laminado en una sartén pequeña. Fríe el ajo a fuego bajo-medio hasta que se dore. Escúrrelo y reserva el aceite.

Escurre bien el tofu y pásalo a una ensaladera. Añade las hierbas aromáticas, riega con la salsa y el aceite de freír el ajo, esparce por encima los frutos secos, las semillas, las hojas de cilantro y las láminas de ajo crujiente. Consume inmediatamente.

TRUCO

El tofu sedoso puede empezar a soltar agua muy pronto. Si preparas el plato con demasiada antelación, la salsa se diluirá en el agua del tofu. Monta el plato justo antes de servirlo. Me encanta servir la ensalada sobre arroz blanco caliente.

Ganmodokis

VEGANO

(BUÑUELOS DE TOFU)

がんもどき

4-6 raciones
Preparación: 15 min
Cocción: 7 min

500 g de tofu firme
1 zanahoria pequeña
4 g de alga hijiki deshidratada (o 2 g de otra alga seca)
60 g de setas shiitake frescas
¼ de cebolla roja
120 g de patatas
2 cucharadas de semillas de sésamo tostadas
aceite para freír

Condimento

2 cucharadas de salsa de soja
2 pizcas de sal
2 cucharadas de mirin
1 cucharada de fécula de patata o de maíz

Guarnición

50 g de rábano blanco (o violeta), rallado
10 g de jengibre fresco, rallado
salsa de soja

Pela la zanahoria y córtala en una juliana fina. Rehidrata el alga siguiendo las instrucciones del envase y escúrrela apretándola entre las manos. Corta las setas shiitake en láminas finas. Corta la cebolla en láminas finas en el sentido de las fibras. Pela y ralla las patatas. Tritura el tofu en un robot de cocina o con una batidora de mano hasta que obtengas una pasta lisa. Deposita en una ensaladera el tofu, las verduras, el alga, las semillas de sésamo y los ingredientes del condimento. Forma 10 bolitas con las manos (úntate los dedos ligeramente de aceite para evitar que la masa se pegue).

En una sartén honda, vierte suficiente aceite para freír para que los buñuelos queden sumergidos. Calienta el aceite hasta que alcance los 160 °C. Fríe los ganmodokis 6-7 minutos o hasta que adquieran un bonito color dorado. Escúrrelos y consúmelos enseguida, acompañados del rábano y el jengibre rallados y la salsa de soja.

TRUCO

Los ganmodokis fritos se conservarán durante varias semanas en una bolsa con cierre fácil en el congelador. También están buenísimos en el oden (p. 184).

Rollitos primavera

VEGANO

DE TOFU FRITO Y PERA

揚げ豆腐の生春巻き

4 raciones
Preparación: 30 min
Cocción: 5 min

- 8 obleas de arroz
- 125 g de tofu firme
- 2 cucharadas de fécula de patata o de maíz
- 2 cucharadas de aceite para freír
- 50 g de fideos de arroz
- 60 g de zanahoria, pelada y cortada en una juliana fina
- el zumo de ⅛ de limón o lima
- 1 cucharadita de salsa de soja
- ½ cucharadita de azúcar sin refinar
- 30 g de rábano violeta (o de col roja), cortado en una juliana fina
- 2 hojas de lechuga lavadas, escurridas y cortadas por la mitad
- ½ pera Decana del Comicio grande, cortada en ocho trozos
- 16 hojas de menta
- 8 ramitas de cilantro

Salsa

- 1 cucharada de mantequilla de cacahuete
- 1,5 cucharadas de azúcar sin refinar
- 1 cucharada de salsa de soja
- 2 cucharadas de agua
- el zumo de ¼ de limón o lima
- ¼ de diente de ajo, picado
- 2 cucharadas de cacahuetes, picados, tostados

Deposita la zanahoria en un bol junto al zumo de limón, la salsa de soja y el azúcar. Deja marinar 5 minutos. Corta el tofu en 8 bastones largos. Rebózalos en la fécula. Calienta el aceite para freír a fuego bajo en una sartén y dora los bastones de tofu por todas sus caras. Escúrrelos sobre papel de cocina.

Cuece los fideos de arroz 1 minuto en una olla de agua hirviendo. Escúrrelos bien.

Mezcla en un bol todos los ingredientes de la salsa.

Rehidrata las obleas de arroz sumergiéndolas completamente en agua 1 segundo (se seguirán hidratando una vez fuera del agua y se habrán ablandado al cabo de 1 minuto). Deposítalas sobre la superficie de trabajo sobre 4 platos grandes. Reparte las hojas de menta y de cilantro por el borde de las obleas. Luego, haz lo mismo con la zanahoria, el tofu, el rábano, los trozos de pera y los fideos de arroz. Termina con ½ hoja de lechuga en cada rollito.

Ten cuidado a la hora de formar los rollitos. Pliega los bordes sobre el relleno y déjalos bien prietos. Pliega la parte inferior de la oblea hacia arriba, sobre el relleno, y enróllala hasta arriba. Consume inmediatamente.

Si los vas a consumir más tarde (el mismo día), guárdalos en el frigorífico envueltos en papel film.

VERSIÓN VEGETARIANA

Sustituye la salsa de soja por nuoc mam.

Mapo doufu

VEGANO

(TOFU CON SALSA PICANTE)

麻婆豆腐

4 raciones
Preparación: 20 min
Reposo: de 1 a 3 h
Cocción: 20 min

250 g de tofu sedoso
pimienta
algunas hojas de cilantro

Salsa mapo

- 10 g de jengibre fresco, pelado y picado fino
- 1 diente de ajo, picado
- 10 cm de la parte blanca del puerro, picada fina
- 1 chile rojo, picado fino
- 1 cucharada de pimienta de Sichuan
- 5 g de setas shiitake secas + 200 ml de agua
- 50 g de champiñones Portobello, picados
- 50 g de proteína de soja en trocitos (o 100 g de cerdo picado para la versión tradicional no vegana)
- 2 cucharadas de aceite vegetal neutro
- 2 cucharadas de fécula de patata o de maíz + 2 cucharadas de agua
- 1 cucharadita de aceite de sésamo tostado

Condimentos

- 2 cucharadas de salsa de soja
- 2 cucharaditas de azúcar sin refinar
- 1 cucharada de mirin
- 1 cucharadita de miso marrón o rojo

Rehidrata las setas shiitake poniéndolas en remojo en 200 ml de agua (al menos 2 horas si es agua tibia y 1 hora si es agua hirviendo). Escúrrelas y conserva el agua del remojo. Pícalas finamente. Rehidrata la proteína de soja según las indicaciones del fabricante. Diluye la fécula de patata en agua en un bol pequeño.

Deposita el tofu en un bol que quepa en la vaporera (o en el cesto para cocer al vapor) y cuécelo al vapor a fuego medio 7 minutos.

Prepara la salsa mapo. Vierte el aceite en una sartén y añade inmediatamente (antes de que el aceite se caliente) el jengibre, el ajo y el puerro picados. Póchalos a fuego medio hasta que empiecen a despedir aromas. Añade el chile y la pimienta de Sichuan y sofríe 1 minuto. Agrega las setas shiitake rehidratadas, los champiñones Portobello y la proteína de soja, y sofríelo todo hasta que los champiñones se hayan hecho. Añade el agua del remojo de las setas shiitake y todos los condimentos. Tapa la sartén y deja cocer a fuego bajo 3-4 minutos, removiendo de vez en cuando. Añade la fécula diluida y remueve hasta que la textura espese. Añade el aceite de sésamo y retira del fuego.

Reparte en 4 platos con un cucharón el tofu desmenuzado en trozos grandes y asegúrate de que escurres bien el agua que haya soltado. Riégalo con la salsa mapo, añade pimienta y esparce las hojas de cilantro por encima.

Esta receta de origen chino es muy popular en Japón. Mi padre la preparaba muy bien, pero nunca suavizó las especias para proteger el paladar de su hija pequeña. Fue mi plato de iniciación al picante. La receta clásica se hace con cerdo picado y tofu firme cortado en dados de 1 cm. Sin embargo, en Francia no es fácil encontrar buen tofu firme, por lo que prefiero usar tofu sedoso, que se halla con facilidad en las tiendas de alimentos bio.

Unohana

VEGANO

(GUISO DE OKARA CON DASHI Y VERDURAS)

卯の花

4-6 raciones
Preparación: 15 min
Reposo: 3 h
Cocción: 12 min

- 300 g de okara (véase paso a paso en las pp. 140-141)
- ½ calabacín
- ½ zanahoria
- 100 g de tupinambo
- 2 setas shiitake grandes (u otras setas)
- 10 g de setas shiitake secas
- 1 cucharada de aceite vegetal neutro
- 1 cebolleta

Condimentos

- 400 ml de dashi (p. 166) o de shojin dashi vegano (p. 122)
- 2 cucharadas de aceite vegetal neutro
- 3 cucharadas de salsa de soja
- 2 cucharadas de mirin
- 2 cucharadas de azúcar sin refinar
- 1 cucharadita de sal

Pon en remojo las setas shiitake secas 3 horas en 400 ml de dashi frío. Escúrrelas y conserva el dashi para condimentar.

Lava el calabacín y córtalo longitudinalmente por la mitad primero y en láminas de 3 mm de grosor después. Corta la cebolleta en rodajitas. Pela la zanahoria y el tupinambo, córtalos en rodajas de 3 cm primero y en una juliana fina después. Corta en láminas finas las setas shiitake, tanto las frescas como las rehidratadas.

Calienta el aceite en una cazuela y rehoga todas las verduras excepto la cebolleta 2 minutos a fuego alto. Añade la okara y remueve bien. Añade todos los condimentos. Cuece a fuego medio sin dejar de remover unos 10 minutos, hasta que el jugo de la cocción se haya evaporado y la preparación se espese. Añade la cebolleta justo al final de la cocción, remueve y sirve.

COMENTARIO

Es fácil encontrar okara en las tiendas de alimentos bio, en la sección de refrigerados, junto al tofu.

Aemono

(ENSALADAS JAPONESAS DE ALGAS)

三種の和え物

VEGANO

Ensalada de espárragos y espagueti de mar con salsa de tofu y sésamo
アスパラガスと海藻の白和え

4 raciones

180 g de espárragos trigueros

50 g de alga espagueti de mar (o wakame) rehidratada*

Salsa de tofu y sésamo

250 g de tofu sedoso

2 cucharadas de pasta de sésamo blanca

2 cucharadas de semillas de sésamo tostadas

2 cucharaditas de salsa de soja

1 cucharadita de mirin

1 cucharadita de azúcar sin refinar

½ cucharadita de sal

Opcional

la cáscara de 1 yuzu o de otro cítrico (bergamota, limón...)

Pela los espárragos y desecha la parte dura. Cuécelos unos minutos en una olla con agua ligeramente salada: han de seguir siendo un poco crujientes. Córtalos en trozos de 4 cm. Rehidrata el alga espagueti de mar (o wakame). Escúrrela presionándola entre las manos. Prepara la salsa de tofu y sésamo: tritura todos los ingredientes con una batidora de mano hasta obtener una textura lisa. Mezcla todos los ingredientes justo antes de servir. Esparce por encima la cáscara de yuzu cortada en láminas finas.

**Para obtener 50 g de alga espagueti de mar rehidratada, calcula unos 35 g de alga espagueti de mar fresca y salada.*

VEGANO

Ensalada de aguacate y alga nori con aceite de sésamo
アボカドと海苔の和え物

4 raciones

2 aguacates ecológicos

¼ de limón

1 lámina de alga nori

Salsa

2 cucharaditas de semillas de sésamo tostadas

4 cucharaditas de aceite de sésamo tostado

2 cucharaditas de salsa de soja

¼ de diente de ajo, rallado

½ cucharadita de azúcar sin refinar

½ cucharadita de sal

Corta los aguacates por la mitad, deshuésalos y pélalos. Pártelos con los dedos en trozos grandes. Si están demasiado maduros, córtalos con cuchillo. Riégalos con zumo de limón. Desmenuza en trozos grandes la lámina de alga nori. Mezcla todos los ingredientes de la salsa en un bol pequeño. Mezcla todos los ingredientes justo antes de servir.

Ensalada de wakame, ostras y pepino a la vinagreta
わかめの和え物

4 raciones

40 g de alga wakame rehidratada*

120 g de pepino

12 ostras

5 g de jengibre, pelado y picado fino

Vinagreta

4 cucharadas de ponzu (p. 139)

4 cucharadas de dashi (p. 166)

2 cucharaditas de azúcar sin refinar

½ cucharadita de sal

Rehidrata el alga wakame siguiendo las instrucciones del envase y escúrrela bien presionándola entre las manos. Córtala en bandas largas de 3 cm de ancho. Corta el pepino longitudinalmente por la mitad, retira las pepitas y córtalo en láminas muy finas. Abre las ostras, sácalas de la concha, lávalas con delicadeza y sécalas.

Mezcla todos los ingredientes de la vinagreta en un bol pequeño y remueve.

Reparte el alga wakame, el pepino y las ostras en 4 platos. Esparce por encima el jengibre picado. Riega con la vinagreta justo antes de servir.

**Para obtener 40 g de alga wakame rehidratada, calcula unos 4-6 g de wakame deshidratada o 25 g de wakame fresca y salada.*

Tortita de algas

VEGANO

Y PATATA A LA COREANA

韓国風海藻とジャガイモのお好み焼き

4 raciones
Preparación: 15 min
Cocción: 20 min

Tortita

500 g de patata de pulpa firme

100 g de zanahoria

½ cebolla roja

40 g de algas (wakame, hijiki, espagueti de mar...) rehidratadas (peso después de la rehidratación*)

40 g de harina de arroz

2 pizcas de sal

aceite vegetal neutro

Salsa

el zumo de ½ limón

3 cucharadas de salsa de soja

2 cucharaditas de aceite de sésamo tostado

2 pizcas de azúcar sin refinar

1 cucharadita de semillas de sésamo tostadas

algunas hojas de cilantro

**Para obtener 40 g de alga rehidratada, calcula: unos 4 g de wakame deshidratada; unos 5 g de hijiki rehidratada; unos 26 g de espagueti de mar o wakame fresca y salada.*

Prepara la salsa: mezcla todos los ingredientes en un bol y reserva.

Rehidrata el alga siguiendo las indicaciones del envase.

Pela la zanahoria y la cebolla, y córtalas en una juliana fina. Pela y ralla las patatas. Corta el alga rehidratada en trozos del tamaño de un bocado (si es que son muy grandes, para empezar). Deposita en una ensaladera la zanahoria, la cebolla y el alga. Remueve bien. Añade la patata rallada y mézclalo todo bien con la mano. Añade la harina de arroz y la sal, y vuelve a remover bien con la mano. Moldea 16 tortitas.

Vierte 2 cucharadas de aceite en una sartén. Una vez que esté muy caliente, añade las tortitas. Cuece a fuego medio-alto hasta que la parte inferior esté bien dorada. Dale la vuelta y cuece la otra cara. Repite el proceso con todas las tortitas y sé generoso con el aceite de cocción. En mi sartén hago cuatro tandas de cuatro tortitas.

Sírvelas con la salsa.

Este plato se inspira en el chijimi, una crepe salada coreana muy popular en Japón. También puedes usar marisco, como gambas u ostras.

Las algas

海藻

A pesar de que son uno de los ingredientes esenciales de la cocina japonesa, tenía a las algas algo abandonadas desde que vivía en Francia, porque no me siento demasiado cómoda comprando bolsitas de plástico importadas de muy lejos. Por lo tanto, las compraba en grandes cantidades cuando viajaba a Japón y, cuando se me acababan, no cocinaba con algas hasta el siguiente viaje. Esto fue así hasta que Julie, la fundadora de HepKen, se puso en contacto conmigo para ofrecerme sus productos (Julie es también una cocinera fantástica que propone recetas originales). HepKen vende algas ecológicas de Bretaña, sobre todo algas kombu frescas y saladas respetando las técnicas tradicionales japonesas. ¡Salté de alegría! Y aún más cuando pude probar sus productos. Sus algas wakame son tan buenas como las que se pueden comprar en Japón. En cuanto al alga kombu, es algo distinta, pero permite elaborar un dashi muy bueno. También ofrece alga espagueti de mar, que en Japón no existe, pero de la que me enamoré inmediatamente y que ahora forma parte de mis platos. Me alegra saber que puedo encontrar algas de buena calidad y producidas en Francia.

Conocí a su proveedor, Algolesko, que produce algas en Loctudy. Sienten verdadera pasión por las algas y colaboran con agricultores de Tokushima, la región que tiene fama de producir la mejor alga wakame de todo Japón. El equipo bretón viajó allí para trabajar en los campos de wakame y aprender a producirlo. A cambio, el equipo japonés vino a Francia para observar sus plantaciones de algas en Bretaña. Aunque la cocina basada en algas aún es una gran desconocida en Francia, estoy segura de que esto cambiará rápidamente gracias a estas personas tan apasionadas y que producen algas de la mejor calidad.

魚

PESCADO

Ensalada de sashimi

刺身サラダ

4 raciones
Preparación: 15 min
Cocción: 3 min

1 zanahoria

½ pepino

10 granos de uva

1 hoja de pasta filo

300 g de dorada (o atún o sardina) salvaje, de calidad para sashimi*

algunas hojas de perifollo

2 cucharadas de cacahuetes, picados en trozos gruesos

aceite para freír

flor de sal

pimienta

Aliño

el zumo de 1 limón

2 cucharadas de aceite de sésamo

2 cucharadas de aceite de girasol

3 cucharadas de salsa de soja

¼ de diente de ajo, rallado

Comprueba con el pescadero que el pescado sea lo bastante fresco como para que lo puedas comer crudo.

Corta la dorada en láminas finas y los granos de uva por la mitad. Lava el pepino, córtalo longitudinalmente por la mitad, retira las pepitas y córtalo en una juliana fina. Pela la zanahoria y córtala también en una juliana fina. Corta la hoja de pasta filo en finas láminas de 5 cm de longitud.

Vierte en una sartén 2 cm de aceite para freír. Caliéntalo y fríe las láminas de pasta filo hasta que se doren y estén crujientes. Escúrrelas sobre papel de cocina.

Mezcla todos los ingredientes del aliño.

Reparte las verduras, las uvas y las láminas de sashimi en 4 platos. Espolvorea por encima los cacahuetes, la pasta filo frita y el perifollo. Justo antes de servir, riega con el aliño y remueve. Salpimienta usando la flor de sal, y a disfrutar.

TRUCO

Esta ensalada también está muy buena con otras frutas, como melocotones de viña, caquis o fresas.

VERSIÓN VEGANA

Sustituye el pescado por 250 g de tofu firme cortado en láminas finas de 7 mm y marinado con 1 cucharada de salsa de soja y 3 g de jengibre rallado. Rebózalo con fécula de patata o de maíz, y fríelo.

Jurel en escabeche

鯵の南蛮漬け

4 raciones
Preparación: 30 min
Marinada: de 1 a 24 h
Cocción: 30 min

- 8 jureles de unos 10 cm
- 2 pizcas de sal
- 4 cucharadas de fécula de patata o de maíz
- 12 tomates cherri
- aceite para freír
- ⅛ de cebolla roja, picada
- 1 ramita de eneldo, picada

Marinada

- 300 ml de dashi (p. 166)
- 70 ml de vinagre de arroz
- 60 ml de salsa de soja
- 2 cucharadas de azúcar sin refinar
- 2 cucharadas de mirin
- 1 trozo de alga kombu seca de 3 × 3 cm
- 1 chile rojo seco entero (opcional)

Limpia los jureles: abre el pescado por debajo de la cabeza, desliza los dedos por el interior de ambos lados de la garganta y estira con delicadeza para extraer las branquias, la garganta y el intestino de una sola vez. Quizá prefieras retirar la cabeza y el intestino, pero la cabeza frita está buenísima, por lo que tirarla es una verdadera lástima. Lava a conciencia el interior del pescado y sécalo con papel de cocina. Rebózalo en la fécula por completo, tanto por dentro como por fuera, sazona y depositalo en un plato.

Mezcla todos los ingredientes de la marinada en un recipiente hermético.

Vierte en una cazuela 3 cm de aceite para freír, calienta el aceite a 160 °C y fríe los jureles 25 minutos. Dales la vuelta a media cocción. Sube el fuego para que la temperatura ascienda a 180 °C y fríe 2 minutos más para que queden crujientes. Escúrrelos bien sobre papel de cocina y mételos en la marinada mientras aún están calientes.

Vuelca los tomates cherri en la cazuela con el aceite de la fritura y fríelos brevemente (unos 30 segundos), escúrrelos y añádelos a la marinada. Deja marinar entre 1 y 24 horas antes de consumir. Sirve con la cebolla roja y el eneldo.

TRUCO

La cocción prolongada en el aceite a baja temperatura permite que los jureles se puedan comer enteros. Créeme, ¡están buenísimos!

—

Ponte guantes para limpiar los jureles, así evitarás pincharte.

Dashi

(KATSUOBUSHI Y KOMBU)

鰹
出
汁

A

B

Sale 1 litro de dashi
Preparación: 5 min
Reposo: de 40 min a 1 noche
Cocción: 15 min

1 l de agua
10 g de virutas de katsuobushi (bonito seco)
10 g de alga kombu seca, cortada por la mitad

No hay nada mejor que el dashi casero. Aunque la receta puede parecer complicada a primera vista, lo cierto es que es más sencilla que la de los caldos occidentales. Hay versiones líquidas y en polvo de dashi concentrado en las tiendas de alimentación asiática, pero con mucha frecuencia contienen glutamato, aminoácidos y todo tipo de potenciadores del sabor artificiales.

Vierte el agua en una cazuela y pon en remojo el alga kombu mínimo 30 minutos (y hasta una noche entera) **(A)**. Calienta el agua a fuego bajo unos 15 minutos, hasta que empiece a temblar. Retira el alga kombu justo antes de que rompa a hervir (para evitar que el sabor yodado del alga sea demasiado intenso en el dashi) y añade el katsuobushi **(B)**. Mantén al fuego 1 minuto. Retira del fuego y deja infusionar 10 minutos.

Filtra el dashi sobre un cuenco grande con un colador. Presiona con cuidado para extraer hasta las últimas gotas de dashi **(C-D)**. El dashi se conservará hasta 3 días en el frigorífico y hasta 1 mes en el congelador.

OBSERVACIÓN

Para las cantidades de katsuobushi y de alga kombu, calcula un 1 % de la cantidad de agua.

Para 600 ml de dashi: 6 g de katsuobushi y de alga kombu (añade 20 ml de agua para compensar la absorción y la evaporación).

C

D

¡No tires jamás los restos de katsuobushi y de alga kombu! Los puedes usar como supercondimentos en arroz, onigiris (p. 74) e incluso en pastas italianas.

Furikake

el katsuobushi de 1 l de dashi

el alga kombu de 1 l de dashi

1 cucharada de semillas de sésamo tostadas

1 cucharadita de aceite de sésamo tostado

1 cucharada de salsa de soja

½ cucharada de azúcar

1 cucharada de mirin

1 cucharadita de vinagre de arroz

Extiende el katsuobushi sobre una bandeja o un zaru y déjalo secar 3 horas. Corta el alga kombu en láminas de 2 cm. Pasa el katsuobushi a una sartén, caliéntalo a fuego medio y sécalo, removiendo de vez en cuando. En cuestión de minutos se secará y adquirirá la textura de trocitos de papel. Añade las semillas de sésamo, el alga kombu y el aceite de sésamo. Sofríe 1 minuto. Añade la salsa de soja, el azúcar, el mirin y el vinagre de arroz. Mantén a fuego medio-bajo y sin dejar de remover hasta que el líquido se evapore. Este condimento se conservará 10 días en un tarro en el frigorífico.

Chawanmushi con almejas

(NATILLAS SALADAS)

あさりの茶碗蒸し

4 raciones
Preparación: 15 min
Remojo: de 2 a 3 h
Cocción: 20 min

- 300 ml de dashi (p. 166), enfriado del todo
- 16 almejas
- 2 huevos camperos
- 1 cucharadita de salsa de soja
- 1 cucharadita de aceite vegetal neutro
- 2 briznas de cebollino, picadas

Limpia la arena de las almejas dejándolas en remojo en 200 ml de agua y 1 cucharadita de sal 2-3 horas. Enjuágalas. Lleva a ebullición 80 ml de agua en una cazuela, vierte las almejas y tapa. Sácalas en cuanto se abran y espera a que se enfríen. Reserva el agua de cocción en un bol grande, espera a que se enfríe del todo y añade el dashi (que también se debe haber enfriado por completo).

Bate los huevos en una ensaladera con ayuda de una batidora de mano. Añade la mezcla de dashi y agua de cocción. Remueve bien y pásalo todo por un colador de malla fina. Vierte la preparación en un bol grande (que quepa en el cesto para cocción a vapor) o en 4 tazas pequeñas. Prepara el cesto para cocción al vapor, calienta el agua, mete el bol (o las tazas) en el cesto y cuece 15 minutos (el bol grande) o 10 minutos (las tazas) a fuego bajo. Si la parte central de la preparación aún está líquida, prolonga la cocción 2-3 minutos y comprueba de nuevo. Reparte las almejas sobre las natillas y prolonga la cocción 1 minuto. Saca el bol, riega con salsa de soja y aceite, y esparce el cebollino por encima.

TRUCO

Es una receta muy fácil de improvisar. La base es 1 volumen de huevo batido por 3 volúmenes de caldo enfriado (de otro modo, el huevo cuaja cuando se mezclan ambos ingredientes). La puedes preparar con caldo de ave o de marisco, con guarniciones distintas (setas, zanahoria, guisantes, gambas, carne, pescado...), pero presta atención a que los trozos no sean demasiado grandes, para garantizar una cocción rápida.

Himono

(PESCADO SECO)

魚の干物

4 raciones
Preparación: 30 min
Reposo: de 2 h a 4 h 30 min
Cocción: 10 min

Salmuera con sal

4 jureles medianos

400 ml de agua

48 g de sal (o 12 % de la cantidad de agua)

Abre la tripa del jurel con un cuchillo afilado: hiende la punta en el centro justo de la cabeza y desciende a lo largo de la espina central, desviándote 0,5 cm hacia el lado cuando llegues a la aleta dorsal. Hunde el cuchillo hasta que puedas abrir el jurel como en la fotografía. Limpia y enjuágalo bien, y sécalo con papel de cocina.

Mezcla el agua y la sal en un recipiente grande en el que pescado quede cubierto, y sumerge los jureles en la salmuera. Si no quedan completamente cubiertos, haz más salmuera, respetando siempre las proporciones de agua y de sal. Deja marinar 20 minutos a temperatura ambiente (cuanto más los dejes, más salados estarán).

Para secar los jureles, disponlos sobre una rejilla o un zaru. También los puedes suspender con pinzas en un cordel para tender la ropa al aire libre (incluso si no hace sol). Lo importante es que el aire circule bien. Tápalos con un colador grande de malla fina para protegerlos de las moscas y de los gatos, y déjalos secar 3-4 horas. Comienza por secar la parte interior y, una vez seca, dales la vuelta para secarlos por el lado de la piel. La superficie ha de quedar seca, pero la carne debe seguir estando jugosa. Los jureles secos se conservarán 4-5 días en el frigorífico, envueltos en papel film.

Asa los jureles secos en la barbacoa o en la plancha, con la piel hacia abajo. Hazlos a fuego medio-bajo, hasta que la piel esté bien hecha y la carne esté blanca. Dales la vuelta y ásalos del otro lado. Si los haces en la sartén, cubre el fondo de esta con papel de horno y sigue el mismo procedimiento que con el grill, a fuego medio.

TRUCO

Este mismo proceso funciona con otros pescados, como el lenguado, la caballa, las barracudas o incluso los calamares. La clave reside en limpiar muy bien los órganos internos y las huevas. El pescado también se puede secar una vez fileteado.

Aunque esta receta permite conservar el pescado, lo mejor del himono es que está delicioso. La deshidratación que tiene lugar durante el proceso de secado hace que los aminoácidos de la carne del pescado se concentren y eso explica el intenso sabor umami del resultado final. Si encuentras pescado muy fresco y hace buen tiempo, ¡prueba la receta!

Salmuera con azúcar, sal y mirin

4 sardinas, fileteadas (paso a paso en la p. 178, o fileteadas en la pescadería) abiertas como en la fotografía

semillas de sésamo tostadas

100 ml de salsa de soja

100 ml de mirin

Enjuaga bien el pescado y sécalo con papel de cocina. Mezcla la salsa de soja y el mirin en un recipiente lo bastante grande como para que todo el pescado pueda quedar sumergido y sumerge las sardinas en la salmuera. Marina 1 hora a temperatura ambiente y dales la vuelta a las sardinas al cabo de 30 minutos. Sácalas de la salmuera y esparce semillas de sésamo tostadas por ambas caras del pescado.

Sigue el mismo proceso de secado que con los jureles y déjalas secar 1 hora. Las sardinas secas se conservarán 4-5 días en el frigorífico envueltas en papel film.

Cocínalas igual que los jureles, aunque a fuego bajo, porque el mirin se quema con mucha facilidad.

TRUCO

También puedes usar esta salmuera con jureles o con caballas pequeñas.

Ikameshi

(CALAMARES RELLENOS DE ARROZ GLUTINOSO)

いか飯

4 raciones
Preparación: 30 min
Remojo: 1 h
Cocción: 45 min

- 4 calamares de 150-200 g cada uno
- 90 ml de arroz glutinoso*
- 1 cucharadita de salsa de soja
- 1 cucharadita de sake
- 1 seta shiitake (u otra seta), picada fina

Caldo

- 450 ml de dashi (p. 166)
- 2 cucharadas de soja
- 2 cucharadas de sake
- 3 cucharadas de mirin
- 1 cucharadita de azúcar sin refinar

**Emplea tu vaso medidor.*

Lava el arroz glutinoso y déjalo en remojo 1 hora en el triple de su volumen en agua. Escúrrelo. Añade la salsa de soja, el sake y la seta shiitake picada, y mezcla bien.

Limpia los calamares: separa el manto sujetando la cabeza por debajo de los ojos y estirando con cuidado. Vacía el interior del manto. Guarda los tentáculos y córtalos justo por debajo de los ojos. Retira el pico. Lava el manto y los tentáculos, y sécalos bien. Rellena los calamares de arroz glutinoso, sin superar el 60 % de la capacidad, porque el arroz se hinchará durante la cocción. Cierra el calamar con un palillo.

Vierte en una cazuela grande (los calamares se podrán tocar un poco, pero sin superponerse) todos los ingredientes del caldo y dispón los calamares rellenos (pero no los tentáculos) sobre el fondo. Calienta hasta llevar a ebullición. Retira la espuma y reduce a fuego bajo. Deposita una tapa más pequeña que el diámetro de la cazuela directamente sobre los calamares (o coloca una hoja de papel de aluminio con varios agujeros sobre la superficie del agua, para tapar los calamares). Cuece unos 40 minutos. Retira la tapa y añade los tentáculos. Reduce la salsa 5 minutos. Corta cada ikameshi en cuatro o cinco trozos, riega con la salsa y sirve.

TRUCO

La técnica de la «tapa caída» u otoshi-buta facilita la cocción uniforme de los calamares.

Bento de pescado

鮭海苔弁

4 raciones
Preparación: 40 min
Reposo: 1 h
Cocción: 20 min

4 umeboshis (ciruelas saladas)

8 rodajas de rábano encurtido con shiokoji (p. 96)

Nori-okaka gohan (arroz con katsuobushi y alga nori)

arroz cocido para 4 personas (p. 56)

2 láminas de alga nori seca, en cuartos

1 puñado de virutas de katsuobushi (bonito seco)

4 cucharaditas de salsa de soja

Judías verdes

20 judías verdes

2 cucharaditas de salsa de soja

½ cucharadita de azúcar sin refinar

1 cucharada de semillas de sésamo tostadas

1 pizca de sal

Cuece las judías verdes 1-2 minutos en un cazo de agua con sal hirviendo. Quedarán hechas, pero crujientes. Córtalas por la mitad. Mézclalas en un bol con la salsa de soja, el azúcar y las semillas de sésamo.

Salmón marinado con shiokoji

4 filetes de salmón salvaje de 120 g, con la piel

4 cucharadas de shiokoji (p. 98)

1 cucharadita de aceite de girasol

Deposita los lomos de salmón en un plato y píntalos con shiokoji con un pincel de cocina. Mételos en el frigorífico un mínimo de 1 hora. Seca el shiokoji con papel de cocina. Extiende bien el aceite sobre el fondo de una sartén y caliéntalo a fuego medio-bajo. Añade el salmón y soásalo 4-5 minutos por una cara, dale la vuelta y soásalo 2-3 minutos más.

Tamagoyaki (tortilla japonesa)

3 huevos

1 cucharadita de azúcar sin refinar

½ cucharadita de salsa de soja

2 briznas de cebollino, picadas finas

1 cucharadita de aceite vegetal neutro

Bate bien los huevos en un bol, añade el azúcar, la salsa de soja y el cebollino, y remueve bien con un tenedor. Extiende bien el aceite sobre el fondo de una sartén caliente de 20-22 cm de diámetro y retira el sobrante con papel de cocina. Vierte ¼ de la preparación de huevo y extiéndela como si fueras a hacer un crepe. Cuando haya cuajado pero la parte inferior aún no esté seca del todo, enrolla la tortilla hacia un borde de la sartén. Vierte otro ¼ de la preparación en una fina capa sobre la sartén y sobre el primer rollo de tortilla. Cuando haya cuajado pero la parte inferior aún no se haya secado del todo, haz rodar la primera tortilla dentro de la segunda y hacia el borde de la sartén. Repite la operación y elabora 4 tortillas finas enrolladas las unas sobre las otras. Desliza la tortilla sobre una alfombrilla de bambú para hacer makis y forma un bonito rollito cuadrado. Deja reposar 1 minuto, retira la alfombrilla y corta la tortilla en ocho.

Bento

Monta los bentos repartiendo los distintos elementos en 4 fiambreras bento individuales. Dispón el arroz aún caliente en el fondo de la fiambrera, esparce katsuobushi por encima, riega con 1 cucharadita de salsa de soja y coloca un trozo de alga nori seca. Espera a que el arroz se enfríe completamente y deposita encima el salmón, los encurtidos, los umeboshis, 2 trozos de tamagoyaki y las judías verdes.

TRUCO

El bento es un plato para llevar que se consume varias horas después de su preparación. Por eso es importante esperar a que todos los elementos se hayan enfriado del todo antes de montar la fiambrera, para evitar el desarrollo de bacterias. Como manipular el arroz frío es difícil, se coloca cuando aún está caliente y se espera a que se acabe de enfriar allí. Los umeboshis verdaderos tienen fama de evitar la proliferación de bacterias.

Mi madre me preparó bentos para ir a la escuela todos los días durante trece años... ¡Cuánto trabajo! Cada día, yo esperaba con impaciencia la hora de comer. Para mí, la fiambrera de bento es un cofre de felicidad y de amor. Preparar un bento para mí y para mi familia es una de mis cosas preferidas en la vida.

Ostras rebozadas en panko

カキフライ

4 raciones
Preparación: 20 min
Cocción: de 2 a 3 min

24 ostras de calibre 2

aceite para freír

4-6 hojas de repollo puntiagudo, picadas finas

½ limón, en cuartos

salsa tonkatsu o salsa Worcestershire

Salsa tártara

4 cucharadas de mayosoja (p. 139) o de mayonesa clásica

2 pepinillos pequeños, picados

1 cucharada de cebolla roja, picada

1 cucharadita de eneldo, picado

1 cucharadita de zumo de limón

pimienta

Rebozado

6 cucharadas de harina

6 cucharadas de harina + 100 ml de agua

1 vaso de panko (pan rallado japonés)

Prepara la salsa tártara: mezcla todos los ingredientes en un bol.

Abre las ostras, sácalas de la concha y deposítalas sobre papel de cocina para eliminar delicadamente el excedente de agua.

Prepara tres platos para el rebozado: uno con la harina, otro con la harina y el agua mezcladas, y otro con el panko, en este orden. Reboza una ostra primero en la harina, luego en la mezcla de harina y agua y, por último, en el panko. Deposítala en un plato. Repite el proceso con el resto de las ostras.

Vierte 3 cm de aceite para freír en una sartén honda y caliéntalo hasta que alcance 170-180 °C. Añade las ostras y fríelas 2-3 minutos, dándoles la vuelta de vez en cuando para que se doren. Escúrrelas bien en papel de cocina. Sírvelas inmediatamente, acompañadas del repollo, el limón, la salsa tártara y la salsa tonkatsu.

Fileteado de las sardinas

鰯の手開き

Desescama las sardinas con el pulgar bajo el grifo de agua fría. Corta la cabeza y extrae las entrañas. Lava bien el interior de las sardinas.

Abre el cuerpo de la sardina deslizando el pulgar a lo largo de la espina central desde la cabeza hasta la cola y luego desde la cola hasta la cabeza **(A-B)**.

Corta la espina central justo antes de la cola y retírala con cuidado **(C-D-E)**.

Seca los filetes entre dos hojas de papel de cocina.

Retira la piel de las sardinas tirando con suavidad desde el extremo superior.

Conserva los filetes en el frigorífico.

A

B

C

D

E

Rollitos de sashimi de sardina

鰯のレタス巻き

4 raciones
Preparación: 20 min
Reposo: 10 min

- 12 sardinas medianas fileteadas (paso a paso en la p. 178 o fileteadas en la pescadería*)
- 12 hojas de lechuga o de hoja de roble
- 12 hojas de shiso
- ramitas de hojas aromáticas (cebollino, eneldo, cilantro, menta...)
- 1 parte blanca de puerro
- ¼ de cebolla roja
- ½ zanahoria
- 2 pizcas de sal
- el zumo de ⅛ de limón

Salsa

- 2 cucharadas de miso marrón o rojo
- 1 cucharada de gochujang (salsa de chile amarga)
- 1 cucharada de azúcar sin refinar
- 1 cucharada de mirin
- 2 cucharadas de aceite de sésamo tostado
- 2 cucharaditas de salsa de soja
- 1 cucharada de semillas de sésamo
- 5 g de jengibre fresco, pelado y rallado
- ½ diente de ajo, rallado
- 3 cm de parte blanca de puerro, picada fina

**Comprueba con el pescadero que el pescado sea lo bastante fresco como para que lo puedas comer crudo.*

Mezcla todos los ingredientes de la salsa en un bol.

Seca los filetes de sardina con papel de cocina y retira la piel, tirando delicadamente desde el extremo superior. Córtalos en trozos del tamaño de un bocado, deposítalos en un plato, tápalos y resérvalos en el frigorífico.

Corta la parte blanca del puerro en trozos de 3 cm, y luego en una juliana fina en el sentido de las fibras. Déjalo en remojo 10 minutos en un bol lleno de agua y, luego, escúrrelo. Lava y escurre la lechuga y las hierbas (el shiso y el resto de las hierbas aromáticas). Corta la cebolla en rodajas finas en el sentido de las fibras, ponla en remojo 10 minutos en un bol lleno de agua y escurre. Pela la zanahoria y córtala en una juliana muy fina; en un bol, mézclala con la sal y el zumo de limón. Dispón todos los ingredientes, incluidas las sardinas reservadas, en platos y preséntalos en la mesa junto a un bol de salsa.

Para comer, coge una hoja de lechuga con la mano, dispón las hierbas y la guarnición de tu elección encima y riega con 1 cucharadita de salsa. También puedes poner un poco de arroz cocido. Enróllalo todo en la hoja y abre bien la boca para disfrutar de un bocado delicioso.

Esta es mi manera preferida de comer sardina. Cuando vuelvo a Japón y mi madre me pregunta qué quiero comer, siempre le pido este plato. La receta se inspira en la cocina coreana y es una verdadera explosión de sabor en la boca: las hierbas, el pescado, la salsa dulce y picante... ¡está delicioso y es muy refrescante!

TRUCO

Puedes usar otros pescados siempre que estén muy frescos: jurel, bonito o dorada, e incluso ostras.

VERSIÓN VEGANA

Sustituye la sardina por una berenjena cortada longitudinalmente por la mitad y luego en rodajas de 7 mm. Extiende 1 cucharada de aceite sobre el fondo de una sartén y asa las rodajas de berenjena por ambos lados. Sazona con 1 pizca de sal y espera a que se enfríe.

Espinas de sardina fritas

イワシの骨の唐揚げ

Preparación: 5 min
Secado: de 1 a 2 h
Cocción: 5 min

- espinas de sardina (después de filetearlas, véase el paso a paso de las pp. 178-179)
- sal
- chile en polvo (opcional)
- aceite de freír

Lava las espinas y retira la carne que pueda quedar. Sécalas bien, la cola incluida, con papel de cocina. Deja que se sequen 1-2 horas para conseguir una textura crujiente.

Vierte 3 cm de aceite en una sartén honda y caliéntalo a 170 °C. Fríe las espinas, dándoles la vuelta de vez en cuando, hasta que estén doradas y crujientes. Cuando las burbujas que salen de las espinas sean muy pequeñitas, sube la temperatura a 180 °C y prolonga la cocción 10 segundos. Escurre las espinas sobre papel de cocina y salpimienta.

Si ya has probado el paso a paso de cómo filetear las sardinas (p. 178), es imperativo que pruebes esta receta. Sé que parece rara, y que quizás incluso dé algo de miedo, pero te sorprenderás cuando veas lo buena que está. Es característica de nuestra cultura de «aprovechamiento total» y, además, nos permite acceder al calcio de las espinas. Mi madre las hacía con frecuencia y me encantaban. Cuando las sirvo a amigos, las miran con recelo y me preguntan si estoy segura de que eso se come. Sin embargo, cuando prueban la primera, su ademán cambia de inmediato y exclaman: «¡Qué buenas están!».

Oden

(GUISO CON ALBÓNDIGAS DE SARDINA)

おでん

魚

4 raciones
Preparación: 30 min
Reposo: 2 h
Cocción: 1 h 15 min

10 almejas
200 g de rábano blanco
1 cucharada de arroz japonés
4 patatas pequeñas
2 tupinambos
½ manojo de berros o 1 puñado de rúcula

Mochi kinchaku (saquitos de mochi)

2 láminas de aburaage (tofu frito)
2 mochis (crepes de arroz)

Sopa

1,5 l de dashi (p. 166) o de shojin dashi vegano (p. 122)
60 ml de salsa de soja
60 ml de mirin
1 cucharada de azúcar
sal

Acompañamiento

karashi (mostaza japonesa)
la cáscara de 1 yuzu
1 brizna de cebolleta, picada

Albóndigas de sardina

8 filetes de sardina (paso a paso en la p. 178, o fileteadas en la pescadería)
3 cm de la parte blanca del puerro
5 g de jengibre fresco
1 cucharadita de salsa de soja
½ cucharadita de sal
1 pizca de azúcar sin refinar
1 cucharada de fécula de patata o de maíz

Pon en remojo las almejas en agua con sal (o agua de mar) 2 horas.

Pela el rábano blanco, córtalo en rodajas de 3 cm y luego estas por la mitad. Recorta ligeramente los ángulos vivos de los bordes, para redondearlos. En una cazuela, mezcla el rábano y 1 cucharada de arroz japonés (para eliminar el amargor del rábano) y cubre completamente con agua fría. Lleva a ebullición y cuece 30 minutos a fuego medio-bajo. Escurre, enjuaga y desecha los granos de arroz.

Prepara los mochi kinchaku. Cuece las láminas de aburaage 1 minuto en una olla de agua hirviendo, para eliminar el exceso de aceite. Espera a que se enfríen y presiónalas delicadamente entre las manos para escurrirlas. Corta por la mitad las dos láminas y ábrelas con cuidado para formar cuatro bolsitas. Si te cuesta abrirlas, pasa delicadamente un rodillo de cocina por encima del aburaage. Corta por la mitad cada trozo de mochi y mete una en cada bolsita. Ciérralas con un palillo de modo que obtengas 4 saquitos.

Prepara las albóndigas de sardina. Tritura todos los ingredientes con una batidora de mano. Forma 8 bolitas con las manos (úntalas con un poco de aceite, para que la masa no se pegue a los dedos). Resérvalas en el frigorífico.

Pela las patatas. Pela los tupinambos y córtalos por la mitad. Lava y escurre los berros.

Mete todos los ingredientes de la sopa en una olla grande. Lleva a ebullición. Añade el rábano, las patatas y los tupinambos. Tapa la olla y cuécelas 15 minutos a fuego medio-bajo, hasta que las patatas se hayan hecho hasta el centro. Añade las bolitas de sardina y prolonga la cocción 10 minutos más a fuego medio-bajo. Añade los mochi kinchaku y cuece 10 minutos más.

Añade las almejas y los berros justo antes de servir. Lleva la olla a la mesa y sirve con el karashi. Esparce la cáscara de yuzu y el cebollino picados por encima.

TRUCO

Las albóndigas de sardina se congelan muy bien.

Salmón con setas

EN PAPILLOTE

鮭のホイル焼き

4 raciones
Preparación: 10 min
Reposo: 30 min
Cocción: 15 min

- 4 filetes de salmón salvaje de 125 g con la piel
- 2 pizcas de sal
- 2 pizcas de azúcar sin refinar
- 100 g de setas enoki (o de ostra o Portobello)
- 100 g de setas shiitake frescas
- 1 cebolla
- 1 cucharada de salsa de soja
- 1 cucharada de aceite de oliva virgen extra
- 1 cucharada de sake
- 1 limón, en cuartos
- 1 cebolleta, en rodajas finas
- pimienta
- flor de sal

Condimenta los filetes de salmón con sal y azúcar. Déjalos reposar 15 minutos en el frigorífico y luego sécalos con cuidado con papel de cocina. Corta los pies de las setas. Desmenuza en trozos grandes las setas enoki y corta la setas shiitake en cuartos. Pela la cebolla y córtala en aros de 7 mm.

Precalienta el horno a 200 °C. Prepara 4 hojas de papel de aluminio de 30 × 30 cm. Reparte los aros de cebolla entre las cuatro hojas. Deposita encima los filetes de salmón y luego las setas. Riega con salsa de soja, aceite de oliva y sake, y añade la pimienta. Cierra las hojas y forma cuatro papillotes: levanta la parte superior y la inferior de la hoja y une ambos extremos por encima de los ingredientes. Luego, retuerce varias veces para cerrar bien el papillote. Hornea 15 minutos.

Sirve inmediatamente, condimentado con flor de sal y unas rodajas de cebolleta y con un cuarto de limón.

Tempura de pescado

白身魚の天ぷら

4 raciones
Preparación: 25 min
Cocción: 3-5 min

300 g de pescado blanco fileteado y sin espinas (salmonetes, como en la foto; dorada salvaje, carbonero, rape...)

150 g de setas de ostra

6 ostras de calibre 2

sal

aceite para freír

Masa de tempura

70 g de fécula de maíz

30 g de harina de trigo

130 ml de gaseosa fría

Salsa

90 ml de mentsuyu (p. 14)

150 ml de agua

1 cucharadita de azúcar sin refinar

Guarnición

40 g de rábano blanco, pelado y rallado

10 g de jengibre fresco, pelado y rallado

½ limón ecológico, en cuartos

sal

½ cucharadita de pimienta de Sichuan, majada

Mezcla todos los ingredientes de la salsa y repártela en 4 boles individuales pequeños.

Corta el pescado en trozos grandes. Échales 1 pizca de sal. Echa sal también a las setas de ostra. Abre las ostras y sácalas de la concha. Seca con cuidado el pescado, las setas y las ostras con papel de cocina.

Prepara la masa de tempura. Mezcla en una ensaladera la harina y la fécula de maíz con ayuda de una batidora de varillas manual. Vierte la gaseosa y bate bien.

Calienta en una cazuela 3 cm de aceite de freír hasta que alcance 170 °C.

Reboza los ingredientes (pescado, setas, ostras) en la masa de tempura y fríelos entre 3-5 minutos, dándoles la vuelta de vez en cuando. Escúrrelos sobre papel de cocina.

Sírvelos junto a la salsa, el rábano blanco y el jengibre. También están buenísimos con pimienta de Sichuan y un poco de zumo de limón.

VERSIÓN VEGANA

¡Puedes freír todo lo que te guste! Berenjena, espárragos, cebolla, setas de todo tipo, etc.

肉

CARNE

Pollo relleno de arroz y setas

CON HIERBA LIMÓN

鶏の丸焼き

4-6 raciones
Preparación: 40 min
Maceración: de 5 h a 1 noche
Cocción: 2 h 15 min

1 pollo campero entero (1,2-1,5 kg)
1 cucharada de aceite de oliva

Adobo
25 g de sal
25 g de azúcar sin refinar
2 bastoncillos de hierba limón, en láminas
2 rodajas finas de jengibre
1 diente de ajo, laminado
10 granos de pimienta de Sichuan

Verduras
2 patatas
4 zanahorias
2 nabos pequeños
2 remolachas pequeñas
2 bastoncitos de hierba limón
4 cebollas de verdeo
1 cucharada de aceite de oliva
1 cucharadita de sal, pimienta

Salsa
los jugos de cocción del pollo
2 cucharadas de salsa de soja

Arroz
180 ml de arroz japonés*, lavado (p. 56 sobre el lavado del arroz) y bien escurrido
1 cucharada de arroz glutinoso (opcional)
5 g de jengibre, pelado y picado
1 diente de ajo, pelado y picado
½ cebolla, picada fina
70 g de setas
6 castañas precocidas (opcional)
200 ml de agua o de caldo
½ cucharada de nuoc mam
1 cucharada de mirin
1 cucharadita de salsa de soja
pimienta
2 cucharadas de aceite de girasol

Retira los menudillos del interior del pollo, límpialo y seca el interior con papel de cocina.

Prepara el adobo. Mezcla en un bol grande 500 ml de agua, la sal y el azúcar, y remueve hasta que se hayan disuelto por completo. Añade el resto de los ingredientes del adobo. Mete el pollo y el adobo en una bolsa con cierre lo suficientemente grande y resistente, extrae el aire y ciérrala herméticamente. Deposítala sobre un plato, métela en el frigorífico y deja macerar al menos 5 horas y hasta una noche.

Prepara las verduras. Pélalas (excepto si son ecológicas) y corta las patatas, las zanahorias, los nabos y las remolachas por la mitad (longitudinalmente en el caso de las zanahorias). Mezcla en una ensaladera la verdura, las cebollas peladas enteras, el aceite de oliva, la sal y la pimienta.

Prepara el arroz: limpia las setas y escalópalas (córtalas en trozos grandes iguales). Calienta el aceite a fuego medio en una cazuela y pocha el jengibre, el ajo y la cebolla. Cuando empiecen a despedir aromas, añade las setas y saltéalas 1 minuto. Añade el arroz y las castañas. Introduce esta mezcla en una arrocera y cuece junto con el arroz glutinoso, el agua o el caldo, el nuoc mam, el mirin, la salsa de soja y un poco de pimienta (o consulta la p. 56, sobre la cocción del arroz). Reserva mientras se enfría.

Prepara el pollo. Sácalo de la bolsa del adobo y sécalo con papel de cocina. Precalienta el horno a 200 °C. Rellena el pollo con el arroz con setas. Ciérralo juntando las patas con cordel de cocina. Pinta el pollo con 1 cucharada de aceite de oliva.

Dispón el pollo y las verduras en una fuente apta para horno. Tapa completamente el pollo con papel de aluminio y hornea 1 hora. Retira el papel de aluminio. Riega el pollo con sus propios jugos y prolonga la cocción 40-50 minutos.

Cuando lo saques del horno, reserva los jugos de la cocción y mézclalos con la salsa de soja. Sirve el pollo y las verduras acompañados de la salsa.

**Emplea tu vaso medidor.*

Karaage

(POLLO FRITO CON SALSA DULCE-PICANTE)

鶏の唐揚げピリ辛ソース

4 raciones
Preparación: 15 min
Maceración: 1 h
Cocción: 6 min

- 600 g de muslos de pollo campero deshuesados (dos muslos)
- 3 cucharadas de harina de trigo
- 3 cucharadas de fécula de maíz
- aceite para freír

Adobo

- 6 cucharadas de sake
- 1 diente de ajo, rallado
- 1 cucharadita de sal fina natural
- 1 cucharadita de azúcar sin refinar
- 1 cucharadita de aceite de sésamo tostado
- pimienta

Salsa

- 2 cucharadas de salsa de soja
- 1 cucharada de confitura o mermelada de albaricoque
- 1 cucharada de aceite de sésamo tostado
- ½ cucharada de miso (marrón o rojo)
- 1 cucharada de mirin
- ½ diente de ajo, picado
- 1-2 cucharaditas de chile en polvo
- 1 cucharada de vinagre de arroz
- 2 cm de la parte blanca del puerro, picada fina

Corta cada muslo de pollo en aproximadamente 6 trozos (la parte gruesa en cuatro y la delgada, en dos).

Mezcla bien los ingredientes del adobo en una ensaladera. Añade el pollo troceado y amasa un poco. Deja en adobo 1 hora.

Mezcla en un bol todos los ingredientes de la salsa y reserva.

Mezcla en un plato la harina y la fécula de maíz. Añade el pollo troceado y rebózalo bien. Vierte 3 cm de aceite para freír en una sartén honda y caliéntalo a 170 °C. Sumerge los trozos de pollo y fríelos unos 4 minutos. Sube la temperatura a 180 °C y fríe unos 2 minutos más. Comprueba el punto de cocción pinchando un trozo de carne: si el líquido que sale es transparente, el pollo está hecho.

Riega con salsa y sirve.

TRUCO

Es muy importante usar muslo, y no pechuga, de pollo. La grasa y la piel es lo que hace que este plato sea tan sabroso y jugoso. Y sabe aún mejor si se hace con pollo campero.

VERSIÓN VEGANA

Sustituye el pollo por proteína de soja rehidratada (trozos grandes) o seitán, y marínala igual que se macera el pollo.

Bento de pollo

鶏の生姜蜂蜜唐揚げ弁当

4 raciones
Preparación: 1 h
Cocción: 25 min

Kinpira de zanahoria (p. 127)

Ensalada de patata (p. 136)

Onigiris

arroz cocido para 4 personas (p. 56)

nameshi: 35 g de hojas y tallos verdes (de nabo, de rábano o de kale); ½ cucharadita de sal (para la cocción); 1 pizca de sal; ½ cucharadita de semillas de sésamo tostadas

12 flores de cerezo a la sal (p. 116)

Forma 4 onigiris de nameshi pequeños (p. 74). Forma 4 onigiris de flores de cerezo pequeños: desala las flores en agua 2 minutos y sécalas entre dos hojas de papel absorbente. Mézclalas con la mitad de la cantidad de arroz y forma los onigiris (paso a paso en la p. 74).

Rábano a la sal

4 rábanos de distintos colores

Lava los rábanos, córtalos por la mitad y sálalos.

Flores de col blanqueadas (opcional)

1 puñado de flores de col, de brócoli, de kale o de acelga

1 cucharadita de aceite vegetal neutro

Blanquea las flores de col 1 minuto en una olla de agua salada hirviendo y la cucharada de aceite. Escúrrelas y sécalas presionándolas con la mano.

Karaage a la miel y el jengibre

600 g de muslos de pollo campero deshuesados (2 muslos)

3 cucharadas de harina de trigo

3 cucharadas de fécula de maíz

aceite para freír

3 cucharadas de sake

1 cucharadita de sal fina natural

4 cucharadas de salsa de soja

3 cucharadas de miel

10 g de jengibre fresco rallado

pimienta

Corta cada muslo de pollo en aproximadamente 6 trozos. Mezcla en una ensaladera el sake y la sal, para el adobo. Añade el pollo troceado y amasa un poco. Deja en adobo 1 hora.

Mezcla en un bol la salsa de soja, la miel y el jengibre, para la salsa.

Mezcla en un plato la harina y la fécula de maíz. Añade el pollo troceado y rebózalo bien. Vierte 3 cm de aceite para freír en una sartén honda y caliéntalo a 170 °C. Sumerge los trozos de pollo y fríelos unos 4 minutos. Sube la temperatura a 180 °C y prolonga la cocción unos 2 minutos más. Comprueba el punto de cocción pinchando un trozo de carne: si el líquido que sale es transparente, el pollo está hecho. Mezcla el pollo aún caliente con la salsa y condimenta con la pimienta.

Salsifí salteado

2 salsifíes pequeños

2 cucharaditas de salsa de soja

1 cucharadita de mirin

1 cucharadita de vinagre de arroz

1 cucharadita de aceite de sésamo tostado

Pela los salsifíes y córtalos en trozos de 3 cm. Cuécelos 5 minutos en un cazo con agua salada, hasta que estén hechos, pero sigan crujientes. Escúrrelos. Vierte el resto de los ingredientes en un cazo pequeño, calienta a fuego medio y añade el salsifí. Remueve hasta que la salsa se evapore y retira del fuego.

Bento

Espera a que todos los elementos se hayan enfriado completamente antes de colocarlos en la fiambrera como en la foto y de modo que queden bien prietos, para evitar que se muevan durante el transporte.

TRUCO

El bento es un plato para llevar que se consume varias horas después de su preparación. Para evitar el desarrollo de bacterias, es importante esperar a que todos los elementos se hayan enfriado del todo antes de montar la fiambrera.

Panceta de cerdo estofada

CON HUEVO PASADO POR AGUA

豚の角煮

4 raciones
Preparación: 20 min
Cocción: 2 h 30 min

- 800 g de panceta de cerdo de granja
- 4 huevos camperos a temperatura ambiente

Primera cocción

- 1 parte verde de un puerro
- 4 rodajas finas de jengibre fresco
- 1 diente de ajo

Segunda cocción

- 400 ml del agua de la primera cocción
- 100 ml de sake
- 3 cucharadas de salsa de soja
- 4 cucharadas de mirin
- 1 cucharada de azúcar sin refinar
- 2 rodajas finas de jengibre fresco

Cuece los huevos en un cazo de agua hirviendo 6 minutos 30 segundos. Enjuágalos bajo el grifo de agua fría para detener la cocción, pélalos y resérvalos.

Procede a la primera cocción de la carne. Mete en una olla grande la panceta de cerdo y todos los ingredientes de la primera cocción. Vierte agua hasta que la panceta quede cubierta a ras. Lleva a ebullición y deja hervir a fuego medio-bajo 1 hora, con la tapa ligeramente abierta. Añade regularmente un poco de agua a medida que se vaya evaporando, para que la panceta esté siempre cubierta.

Escurre y reserva el agua de cocción. Lava la olla y vuelve a meter la panceta. Añade todos los ingredientes de la segunda cocción. Lleva a ebullición. Tapa y deja hervir a fuego bajo 50 minutos. Destapa la olla y sube a fuego medio. Prolonga la cocción 30 minutos.

Retira del fuego, añade los huevos y espera a que se enfríe. Vuelve a calentar a fuego bajo antes de servir.

TRUCO

Los ciclos de enfriamiento-recalentamiento permiten que la panceta absorba mejor los sabores y mejoran el plato. Por lo tanto, lo puedes preparar la víspera.

Fondue de magret de pato

Y BERROS

鴨とクレソンの鍋

4 raciones
Preparación: 20 min
Cocción: 10 min + la cocción en la mesa

600 g de magret de pato de corral
1 manojo de berros
6 setas shiitake grandes
120-240 g de fideos soba secos (según el apetito)

Caldo

1 l de dashi (p. 166) (+ 400 ml para alargar la fondue)
1 cucharada de mirin
1 cucharada de salsa de soja
1 cucharadita de sal

Condimentos

5 cm de rábano blanco rallado
4 trozos de cáscara de yuzu o de bergamota (opcional)
2 cebolletas, en rodajas finas
ponzu (p. 139) o 60 ml de salsa de soja + 40 ml de vinagre de arroz + 20 ml de mirin

Corta el magret de pato en lonchas de 1 cm de grosor. Lava los berros. Retira los pies de las setas shiitake y córtalas en láminas de 2 cm. Cuece los fideos soba en una olla con agua hirviendo 1 minuto menos de lo que indique el envase. Escúrrelos en un colador de malla fina y enjuágalos bien bajo un hilo de agua fría, frotándolos con las manos hasta que elimines la capa de almidón. Presiónalos ligeramente entre las manos para escurrirlos del todo. Reparte las lonchas de magret, los berros y las setas shiitake en 4 platos.

Vierte todos los ingredientes del caldo en una olla y llévala a la mesa, sobre un fogón portátil. Cada comensal cocinará a su ritmo los ingredientes de su elección y se servirá caldo en un bol individual. Sirve junto al rábano blanco, la cáscara de yuzu, las rodajas de cebolleta y ponzu o salsa. Al final, introduce los fideos soba en el caldo restante 1 minuto y sírvelos.

Llamamos shimé *('cerrar') al hecho de meter fécula dentro de la olla al final de la fondue. Puede ser arroz o fideos udon cocidos. La fécula absorbe el sabor de todos los ingredientes del caldo. ¡Para muchos, es la mejor parte de la fondue!*

Subuta con ciruelas pasas

(CERDO CON SALSA AGRIDULCE DE VINAGRE NEGRO)

酢

豚

4 raciones
Preparación: 20 min
Remojo: 30 min
Cocción: 15 min

400 g de aguja de cerdo
1 cucharadita de salsa de soja
1 cucharadita de sake
1 cucharadita de aceite de sésamo tostado
pimienta
4-5 cucharadas de fécula de patata o de maíz
6 cucharadas de aceite para freír

Guarnición

½ cebolla
12 ciruelas pasas deshuesadas
1 pimiento amarillo pequeño
1 cucharada de aceite vegetal neutro

Aliño

1 diente de ajo, picado
100 ml de vinagre negro
4 cucharadas de azúcar sin refinar
3 cucharadas de salsa de ostras
1 cucharada de salsa de soja
1 pizca de sal
2 cucharaditas de fécula de patata o de maíz
pimienta

Decoración

3 cm de la parte blanca del puerro, en una juliana fina

Prepara el aliño: mezcla bien todos los ingredientes en un bol.

Para la decoración, pon en remojo el puerro en juliana 30 minutos y escúrrelo bien.

Corta la carne en trozos de 3 × 5 cm y 5 mm de grosor. Mezcla la salsa de soja, el sake y el aceite de sésamo, y unta la carne con esta mezcla usando las manos. Condimenta con pimienta y reboza generosamente la carne en la fécula. Calienta el aceite para freír en una sartén y fríe la carne a fuego medio hasta que se haya hecho y la superficie esté crujiente. Reserva y limpia la sartén.

Pela la cebolla y córtala en trozos de 3 × 3 cm. Lava el pimiento, retira las pepitas y córtalo longitudinalmente en 8 tiras y luego por la mitad. Calienta el aceite a fuego medio en una sartén. Pocha la cebolla y el pimiento 3 minutos, hasta que estén hechos, pero sigan crujientes. Añade la carne de cerdo, las ciruelas pasas y el aliño. Prolonga la cocción 2 minutos, removiendo hasta que la salsa espese. Sirve en un plato grande, con el puerro en juliana esparcido por encima.

VERSIÓN VEGANA

Sustituye la carne de cerdo por medallones de proteína de soja rehidratados, seitán o tofu firme cortados en trozos (de 1 cm de grosor, en lugar de 5 mm si usas tofu) y usa el mismo adobo que para el cerdo. Sustituye la salsa de ostras por salsa de ostras vegana.

Hojas de repollo rellenas

A LA JAPONESA

ロールキャベツ

4 raciones
Preparación: 30 min
Reposo: de 2 h a 1 noche
Cocción: 40 min

8 hojas grandes de repollo puntiagudo o de col rizada

Relleno

350 g de aguja de cerdo, picada

5 g de setas shiitake secas + 200 ml de agua

2 setas shiitake frescas (u otras setas), picadas

60 g de arroz cocido dejado enfriar (o 2 cucharadas colmadas de pan rallado o de panko)

1 cebolla pequeña, picada fina

5 g de jengibre fresco, pelado y rallado

2 cucharaditas de salsa de soja

2 cucharaditas de mirin

1 cucharadita de aceite de sésamo tostado

pimiento

Caldo

500 ml de dashi (p. 166)

el agua del remojo de las setas shiitake

3 cucharadas de salsa de soja

2 cucharadas de mirin

2 cucharadas de sake

sal

Rehidrata las setas shiitake secas poniéndolas en remojo en 200 ml de agua un mínimo de 2 horas (o toda la noche en un recipiente hermético en el frigorífico). Escúrrelas y reserva el agua del remojo. Retira el pie de las setas shiitake frescas y pícalas finamente. Mezcla en una ensaladera todos los ingredientes del relleno, remueve bien con las manos y guarda en el frigorífico.

Deshoja el repollo sin romper las hojas: retira el tronco duro y haz correr agua sobre el nervio central para que despegar las hojas resulte más fácil. Blanquea una a una las hojas de repollo 2 minutos en una olla grande de agua hirviendo, retíralas y escúrrelas bien. El objetivo es ablandarlas para poder envolver el relleno en ellas. Retira con un cuchillo la parte más gruesa y dura de la base del nervio central.

Deposita una hoja de repollo sobre la superficie de trabajo, con el tallo apuntando hacia ti. Deposita ⅛ del relleno en la base de la hoja y deja los lados libres, para poder doblarla. Dobla una vez la parte inferior de la hoja hacia arriba, para envolver el relleno, dobla los lados sobre el relleno y enrolla hacia arriba hasta el final de la hoja. Cierra el hatillo con palillos o con cordel de cocina, como si fuera un regalo.

Prepara el caldo. Calienta en una olla grande el dashi, el agua del remojo de las setas shiitake, la salsa de soja, el mirin y el sake. Cuando rompa a hervir, sumerge los hatillos de repollo y cuécelos a fuego medio-bajo 30 minutos. Comprueba el punto de sal y corrígelo si es necesario.

VERSIÓN VEGANA

Sustituye la carne por la misma cantidad de tofu firme picado. Añade al relleno 1 cucharada de levadura de cerveza y 2 cucharadas de fécula de patata o de maíz. Sustituye el dashi por shojin dashi (p. 122).
Para la cocción: sofríe en una sartén 100 g de setas (shiitake, enoki u otros) cortadas en trozos grandes en 1 cucharada de aceite. Finalmente, añade el shojin dashi.

Tonkatsu

(CERDO EMPANADO)

豚

カ

ツ

4 raciones
Preparación: 15 min
Cocción: 5 min

- 4 rodajas de aguja de cerdo de 1,5 a 2 cm de grosor
- 2 pizcas de sal
- pimienta
- aceite para freír
- salsa tonkatsu

Rebozado

- 2 cucharadas de harina
- 2 cucharadas de harina + 3 cucharadas de agua
- 50 g de panko (pan rallado japonés)

Saca la carne del frigorífico 30 minutos antes de empezar a cocinar. Salpimienta las cuatro rodajas por ambos lados.

Prepara tres platos para el rebozado: uno con la harina, otro con la harina y el agua mezcladas, y otro con el panko, en este orden. Reboza los trozos de carne primero en la harina, luego en la mezcla de harina y agua y, por último, en el panko. Presiona ligeramente la carne con la mano para que el panko se adhiera bien.

Vierte 3 cm de aceite para freír en una sartén grande (la carne no se puede superponer y, si es necesario, fríela por tandas) y caliéntalo a 180 °C. Fríe la carne 2 minutos por un lado, dale la vuelta y fríe 3 minutos más, hasta que adquiera un bonito color dorado. La carne estará hecha cuando las burbujas que salen sean más pequeñas. Escúrrela en papel de cocina y déjala reposar 3 minutos antes de servirla junto a la salsa tonkatsu y repollo picado o ensalada de col (p. 208).

SUSTITUIR LA SALSA TONKATSU

Calienta en un cazo 4 cucharadas de salsa Worcestershire, 2 cucharadas de kétchup, 1 cucharada de mirin y ½ cucharadita de salsa de soja. Remueve hasta que la salsa espese.

VERSIÓN VEGANA

Sustituye la carne de cerdo por 4 rodajas de coliflor de 1,5-2 cm de grosor. Hazlas al vapor 3-4 minutos, hasta que estén tiernas en el centro, pero no demasiado, para evitar que se rompan. Espolvoréalas por ambas caras con ½ cucharadita de levadura de cerveza, 1 pizca de curri en polvo y 1 pizca de sal. Empana y fríe siguiendo el mismo procedimiento que con la carne.

Frankfurt casero

CON KÉTCHUP PICANTE

ホットドッグ

4 raciones
Preparación: 20 min
Cocción: 10 min

- 4 panes de Frankfurt
- 4 cucharaditas de mostaza
- 4 cucharaditas de mayosoja (p. 139) o de mayonesa clásica
- aceite vegetal neutro

Frankfurt casero

- 400 g de aguja de cerdo de corral
- ½ diente de ajo, picado
- 3 g de jengibre fresco, picado fino
- ⅙ de cebolla amarilla, picada fina
- 1 cucharadita de nuoc mam
- 1 cucharadita de zumo de limón
- 1 cucharadita de azúcar sin refinar
- pimienta

Kétchup picante

- 2 cucharadas de kétchup
- 40 g de tomates cherri, cortados por la mitad
- 1 cucharadita de nuoc mam
- 1 cucharadita de azúcar sin refinar
- 1 chile rojo, picado

Ensalada de col

- 150 g de repollo puntiagudo (o de col blanca), cortado en láminas finas
- ⅛ de una cebolla roja pequeña
- 1 cucharadita de semillas de cilantro
- 1 cucharada de aceite de oliva
- 1 cucharadita de nuoc mam

Elabora la salchicha. Pica la carne en el robot de cocina o con un cuchillo. Deposita en una ensaladera la carne picada, el ajo, el jengibre, la cebolla, el nuoc mam, el zumo de limón y el azúcar. Añade pimienta y remueve bien. Forma 4 salchichas del diámetro de una salchicha de Frankfurt. Deposita cada una de ellas sobre una hoja de papel de horno y envuélvelas retorciendo los extremos, como la envoltura de un caramelo. A continuación, envuelve individualmente los hatillos en papel de aluminio y ciérralos de la misma manera. Calienta en una olla grande un fondo de 2 cm de agua. Cuando rompa a hervir, deposita los paquetes con las salchichas en el interior y tapa la olla. Cuécelas 7 minutos a fuego medio-bajo. Escúrrelas y espera a que se enfríen.

Prepara el kétchup: mezcla todos los ingredientes en un bol.

Prepara la ensalada de col: mezcla todos los ingredientes en un bol.

Desenvuelve las salchichas. Calienta un poco de aceite en una sartén y fríelas a fuego medio 2-3 minutos o hasta que se doren.

Abre los panes de Frankfurt y tuéstalos ligeramente en el horno. Unta una cara con mostaza y la otra con mayonesa. Ahora, añade ensalada de col, una salchicha y kétchup. Puedes añadir hojas de cilantro y rodajitas de chile fresco.

VERSIÓN VEGANA

Sustituye las salchichas por salchichas vegetales. Personalmente, a mí me gusta cortar tofu firme en bastoncitos (125 g para 4 personas) y marinarlo 30 minutos con 1 diente de ajo, 1 cucharada de salsa de soja y 1 cucharadita de azúcar sin refinar. Sécalo y rebózalo en fécula de patata. Fríe y condimenta con pimienta.

Hamburguesa

(FILETE RUSO A LA JAPONESA)

ハンバーグステーキ

4 raciones
Preparación: 20 min
Cocción: 20 min

- 400 g de carne de ternera, picada
- 200 g de aguja de cerdo, picada
- 1 cebolla, picada
- 1 vaso de panko (pan rallado japonés) + 2 cucharadas de leche
- 1 huevo
- ½ cucharadita de nuez moscada en polvo
- 1 cucharadita de sal
- pimienta
- aceite vegetal neutro
- 20 ml de sake

Salsa

- 10 g de mantequilla salada
- 2 cucharadas de kétchup
- 2 cucharadas de vino tinto
- 2 cucharadas de mirin
- 2 cucharadas de salsa de soja
- 2 cucharadas de salsa Worcestershire
- pimienta

Mezcla el panko y la leche en un bol y deja reposar para que el panko absorba el líquido.

Calienta en una sartén 1 cucharada de aceite y sofríe la cebolla picada hasta que se vuelva translúcida. Reserva y deja que se enfríe.

Deposita en una ensaladera toda la carne picada, el huevo, el panko, la cebolla y la nuez moscada. Salpimienta y amasa con la mano hasta que obtengas una masa armoniosa y homogénea. Forma 4 bolas y aplánalas. Unta el fondo de una sartén de fondo grueso con 1 cucharadita de aceite. Calienta a fuego medio, añade las hamburguesas y tapa la sartén enseguida, asegurándote de que la tapa sea la adecuada para el tamaño de la sartén, de modo que el vapor quede dentro y cueza la carne. Cuece 3 minutos, da la vuelta a las hamburguesas y prolonga la cocción 10 minutos a fuego bajo, siempre con la sartén tapada. Vierte el sake en la sartén, tapa y cuece 1 minuto a fuego medio. Saca las hamburguesas de la sartén.

Funde la mantequilla en la misma sartén y añade todos los ingredientes de la salsa. Cuece a fuego medio sin dejar de remover. Cuando la sala espese, viértela sobre las hamburguesas.

Aunque este plato no se parece en nada a los que consumo ahora, eso no evita que sienta nostalgia por esta receta que mi madre preparaba con frecuencia. ¡Es un gran clásico, sobre todo si lo acompañas con espaguetis con mayonesa y una ensalada verde!

VERSIÓN VEGANA

Tritura 200 g de tofu, 100 g de copos de avena y 10 g de nueces. Sofríe en un poco de aceite 1 cebolla picada fina y 100 g de champiñones Portobello picados, hasta que la cebolla se vuelva translúcida. Mézclalo todo con 50 g de patata rallada, 2 cucharadas de fécula de patata, 1 cucharadita de salsa de soja, 1 cucharadita de mirin y 2 pizcas de sal. Forma 4 bolas aplanadas y cuécelas tal y como se ha indicado. Para la salsa, mezcla todos los ingredientes a excepción de la mantequilla en un cazo pequeño. Para los espaguetis con mayonesa, véase la receta de la mayosoja en la p. 139.

Curri japonés

ルーから作るカレー

A

B

4 raciones
Preparación: 20 min
Cocción: 1 h

Roux

2 muslos de pollo de corral, deshuesados y en trozos del tamaño de un bocado
1 diente de ajo, picado
3 cm de jengibre fresco, picado
2 cebollas, picadas finas
1 zanahoria, picada
1 rama de apio, picada fina
1 manzana, picada fina o rallada
240 ml de tomate triturado
3 cucharadas de curri en polvo
4 cucharadas de harina de trigo
2 cucharadas de aceite vegetal neutro
600 ml de dashi (p. 166), de caldo de pollo o de shojin dashi (p. 122)

Aliño

1 cucharada de salsa Worcestershire o tonkatsu
1 cucharada de levadura de cerveza
1 cucharada de salsa de soja
2-3 cucharaditas de sal

Acompañamiento

2 patatas, peladas y en cuartos
½ berenjena
½ calabacín
½ pimiento
8 judías verdes
aceite para freír
arroz cocido para 4 personas (p. 56)

C

D

Prepara el roux del curri. Calienta 1 cucharada de aceite en una sartén honda y añade el pollo troceado, con la piel hacia abajo. Fríelo 1 minuto por cada lado **(A)**. Retira el pollo de la sartén. Añade 1 cucharada de aceite a la sartén con la grasa del pollo y sofríe la cebolla, el ajo y el jengibre hasta que se doren y casi se hayan caramelizado. Añade el apio, la zanahoria y la manzana, y sofríe 10 minutos **(B)**. Retira del fuego, añade el curri en polvo y remueve bien. Vuelve a poner al fuego, añade el tomate triturado y cuece 2 minutos sin dejar de remover. Retira del fuego y añade la harina. Vuelve a poner al fuego y cuece a fuego medio 1-2 minutos, sin dejar de remover. Vierte el caldo poco a poco. Añade el pollo, los cuartos de patata y todos los condimentos. Mantén a fuego medio-bajo 20 minutos **(C)**.

Corta la berenjena en dados grandes, el calabacín en rodajas de 1 cm y el pimiento en tiras. Corta el extremo grande de las judías (conserva el extremo con la punta pequeña). Calienta en una sartén 3 cm de aceite para freír a 180 °C y sofríe toda la verdura hasta que se dore.

Reparte el arroz en 4 platos, añade el curri a un lado y luego la verdura **(D)**.

VERSIÓN GOURMET

Usa cerdo tonkatsu (p. 206) en lugar de pollo.

VERSIÓN VEGANA

Prescinde de los muslos de pollo.

Los alcoholes japoneses

日本のアルコール

He crecido junto a un padre a quien le encanta beber. Comienza con un aperitivo, a solas, antes de que el resto nos sentemos a la mesa, y con una o dos tapas que mi madre le prepara y una bandeja de sashimis de bonito. Elige el alcohol en función de los platos que vea en la mesa. Una cerveza muy fresca para comenzar o un vaso de buen sake o, en invierno, shochu con agua caliente. En Japón, como en Francia, se acostumbra a beber alcohol con la comida. Y hay una amplia variedad de bebidas con las que acompañar los platos.

Sake 酒

Bebida alcohólica a base de arroz que se ha pulido para eliminar la envoltura de salvado que contiene las proteínas y los lípidos. Cuanto más se pula el grano, más fino y delicado será el sabor del sake.

El fetsu-shu es un sake de mesa relativamente barato.

El tokutei-meishoshu es un sake de calidad superior que se elabora siguiendo unas reglas estrictas que garantizan su calidad y su autenticidad: las categorías de tokutei-meishoshu se determinan en función de si se ha añadido o no alcohol esterilizado y del grado de pulido de los granos de arroz.

El junmai-shu (literalmente, 'arroz puro') se elabora exclusivamente a base de arroz, de agua y de koji. Acostumbra a tener más aroma y carácter que el honjozo y el sabor del arroz se distingue con claridad.

El honjozo-shu se elabora con los mismos ingredientes que el junmai, pero se le añade un poco de alcohol (con frecuencia, alcohol de caña puro destilado). Hay quien lo prefiere al junmai, porque el alcohol destilado realza el aroma del arroz de un modo más sutil. Es más dulce y más fácil de beber.

El ginjyo-shu se elabora con arroz pulido al 40 % (se conserva el 60 % del salvado del grano). Se fermenta a baja temperatura, lo que otorga al sake un aroma muy delicado y afrutado. Cuando se elabora solo con arroz, koji y agua, recibe el nombre de junmai-ginjyo.

El daiginjo-shu se elabora siguiendo el mismo procedimiento que el ginjyo-shu, pero con un arroz pulido en más de un 50 %. Cuando se elabora solo con arroz, koji y agua, recibe el nombre de junmai-daiginjo.

Los sakes daiginjo son los de la gama más alta y tienen un sabor delicado y sutil, pero no necesariamente serán tus preferidos. Si buscas un sake con más carácter, con un sabor a cereal más intenso o con más cuerpo, opta por un junmai-shu.

Pequeño vocabulario del sake: namazake = sake sin pasteurizar; genshu = sake sin agua añadida al final de la fermentación; happo-shu = sake espumoso; nigori-zake = sake sin filtrar; koshu = sake envejecido y con un sabor muy particular y pronunciado.

¿Dónde se puede comprar? En internet o en tiendas especializadas en tu ciudad o cerca de donde vivas, en las que seguramente te ofrecerán también consejo.

Umeshu 梅酒

Bebida alcohólica a base de alcohol neutro (shochu, sake, mirin o incluso brandi) en el que se maceran ciruelas japonesas (ume), con frecuencia con azúcar. Tiene un sabor muy afrutado y dulce, ideal para los aperitivos. Se bebe en un vaso pequeño, pero está aún más bueno con agua con gas y cubitos de hielo.

El umeshu casero es muy habitual. A mi abuela se le daba especialmente bien prepararlo y lo hacía cada año, en la estación de las ciruelas. Cuando era pequeña, me lo daba a probar en secreto. Fue mi primera experiencia con el alcohol. También me dejó probar su umeshu macerado durante treinta años, que para mí será siempre el mejor umeshu del mundo. Fuera de Japón también se puede encontrar umeshu de buena calidad.

Shochu 焼酎

Aguardiente japonés destilado a partir de distintos ingredientes (arroz, cebada, trigo, trigo sarraceno o boniato). Se consume como aperitivo, digestivo o durante la comida, y de distintas maneras (con hielo, solo, con agua caliente, con agua con gas, añadido a otras bebidas como el té, etc.).

Los ingredientes determinan el carácter del shochu. El de cebada se considera el más «fácil» de beber, porque es aromático y dulce. Si te gusta el sake, es posible que te guste el sabor redondo y afrutado del shochu de arroz. El shochu de boniato tiene más carácter y un pronunciado aroma azucarado. Es demasiado fuerte para algunas personas. Sin embargo, mi familia materna procede de Kagoshima, una región célebre por el excelente shochu de boniato que produce, así que es mi favorito. ¡No podría ser de otra manera!

Cerveza ビール

La cerveza es el alcohol más consumido en Japón. Al principio de la comida, y sobre todo cuando se sale a un *izakaya* (bar de tapas japonés), se oye con frecuencia la frase: «*Toriaezu biru*»: '¡Una cerveza para empezar!'.

La cerveza tipo Pilsen, una rubia ligera y refrescante con un contenido en alcohol bastante moderado, es la más apreciada en Japón. Cuando se habla de cerveza en Japón, «la sensación en la garganta» es muy importante: tengo la impresión de que lo primero que se nota es el frescor. Nos gusta beberla muy, muy muy fría, como el agua. Fuera de Japón, se pueden encontrar tanto buenas cervezas artesanales de degustación, elaboradas en microcervecerías de todo el mundo, como grandes marcas, Kirin, Sapporo o Asahi, entre muchas otras.

Cócteles fáciles

カ
ク
テ
ル

Para 1 persona

Sake caliente con flor de cerezo 桜酒

100 ml de sake

1 flor de cerezo a la sal (p. 116)

Enjuaga la flor de cerezo en agua caliente y deposítala en el fondo de un vaso. Vierte el sake en un tokkuri (botella específica para servir sake), en una taza o en un vaso grueso. Deposita el tokkuri en un cazo y añade agua hasta un 80 % de la altura del sake. Retira el tokkuri de la cazuela, lleva el agua a ebullición, retira del fuego, vuelve a meter el tokkuri en el cazo y déjalo en el agua caliente unos 3 minutos, hasta que alcance unos 50 °C. Vierte el sake caliente sobre la flor y espera a que esta se abra antes de beber.

CÓMO ELEGIR EL SAKE

Usa un junmai-shu (véase p. 214), que tiene un carácter más pronunciado y tolera el calentamiento. También puedes pedir consejo a tu proveedor de sake.

Cerveza de jengibre ジンジャービール

330 ml de cerveza

50 ml de sirope de jengibre (p. 238)

1 rodaja de jengibre confitado (p. 238)

Vierte el sirope de jengibre en un vaso. Añade la cerveza y el jengibre confitado. Disfruta.

Shochu con umeboshi 梅干し焼酎

100 ml de shochu

1 umeboshi (ciruela salada)

Deposita el umeboshi en el fondo de un vaso, vierte el shochu y bebe.

OBSERVACIÓN

Aunque, personalmente, me encanta el shochu de arroz para este cóctel, puedes usar el que prefieras.

—

Compra umeboshi elaborados con la técnica tradicional y sin saborizantes artificiales en tiendas de alimentación bio o en línea.

お茶のお供

LA HORA DEL TÉ

El té

茶

Por la mañana, durante el día, por la noche... en Japón bebemos té siempre. Nos es imprescindible como bebida, pero también para acompañar los dulces. En Francia, las comidas no terminan sin un postre. En Japón no siempre es así, porque nuestros platos ya contienen bastante azúcar. Por el contrario, cuando visitamos una cafetería o un salón de té, acostumbramos a pedir pastas para acompañar la bebida (*oyatsu*). En casa sucede lo mismo: preparamos algo con azúcar para acompañar el té y darnos un capricho.

Sencha

Es el té más consumido en Japón. Es de un bonito color verde y tiene un sabor ligeramente yodado y delicadamente amargo. Los brotes jóvenes del té se cosechan y se cuecen inmediatamente, para conservar el color verde e impedir que fermenten.

Preparación: 1 cucharadita colmada de té en una tetera pequeña (kyusu) por 200 ml de agua caliente. Para un té de calidad, calienta el agua a 70 °C, porque así extraerá poco a poco el umami del té. Para un té de calidad media, caliéntala a 80 °C. No la lleves a ebullición, porque haría que aflorase el amargor con demasiada rapidez. Deja infusionar entre 30 segundos y 1 minuto. Puedes reinfusionar el mismo té 2 o 3 veces.

Genmaicha

Es un té verde mezclado con arroz tostado. El sabor a nuez y a cereal tostado redondea el sabor verde del té. Es ideal durante o después de las comidas.

Preparación: 1 cucharadita colmada de té en una tetera pequeña (kyusu) por 200 ml de agua a 90-95 °C. Se aconseja usar agua muy caliente, para realzar el aroma tostado del arroz. Infusiona 30 segundos a 1 minuto.

Houjicha

Es un té verde tostado, compuesto de hojas o tallos finos que, por lo general, se cosechan más tarde que el sencha. Es de color marrón y su contenido en teína es muy bajo. Es muy suave, no resulta amargo y sí ligeramente azucarado, y se consume durante la comida. El agradable sabor tostado hace que sea muy fácil de beber.

Preparación: 1 cucharadita colmada de té en una tetera pequeña (kyusu) por 200 ml de agua a 90-95 °C. Se aconseja usar agua muy caliente, para realzar el aroma tostado del té verde. Infusiona de 30 segundos a 1 minuto.

Matcha

Se presenta en forma de polvo verde. En Francia se usa mucho en repostería. En Japón, se toma durante la ceremonia del té y no es el que se consume de forma cotidiana. Sin embargo, también se puede disfrutar de una buena taza de matcha en casa. Y también está muy bueno como bebida fría (p. 222).

Preparación con chasen (pequeña batidora de bambú) para obtener una espuma delicada: 1 cucharadita colmada de matcha tamizado en un bol. Diluir con ayuda de un chasen en 60-70 ml de agua a 80 °C. Mueve el chasen con delicadeza pero con rapidez, trazando M de derecha a izquierda y de izquierda a derecha. Termina trazando una O y saca el chasen por el centro del bol.

Preparación sin chasen: 1 cucharadita colmada de matcha tamizado en una taza y bien diluido en 1 cucharadita de agua. Añade poco a poco 60-70 ml de agua a 80-90 °C.

Mugicha

Se trata de una tisana de cebada tostada. No contiene teína, despide un aroma muy agradable a cebada tostada y es la infusión que se ofrece a los niños ya desde muy pequeños. En verano, se toma más bien fría. Cuando era pequeña, lo primero que hacía al volver de la escuela era abrir el frigorífico y servirme un gran vaso del mugicha que mi madre había preparado.

Preparación: infusionar en agua caliente o fría según la marca. Aunque está buenísima en frío con cubitos de hielo, caliente es muy reconfortante.

Sobacha

Es una infusión de granos de trigo sarraceno tostados. Me encanta, porque me transporta a Japón. Tiene un delicado aroma a trigo sarraceno tostado y su sabor es muy suave. Es perfecta después de comer o para relajarse durante una pausa. Es rica en minerales y antioxidantes, por lo que es muy buena para la salud.

Preparación: 1 cucharadita colmada de té en una tetera pequeña (kyusu) por 200 ml de agua a 90 °C. Infusiona 3-4 minutos.

Si quieres tostar tú mismo los granos de trigo sarraceno, vuélcalos en una sartén seca a fuego medio. Cuando la sartén esté caliente, reduce a fuego bajo y tuéstalos unos 10 minutos, sin dejar de remover.

Bebidas a base de té

お茶のドリンク

Para 1 persona

Té matcha con gas

2 g de té matcha

1 cucharadita de miel

1 cucharada de agua templada

200 ml de agua con gas

En un bol, diluye la miel y el té matcha en el agua tibia. Vierte la mezcla en un vaso. Vierte poco a poco y en varias veces el agua con gas, sin dejar de remover. Añade 1 o 2 cubitos de agua. Exprime un chorrito de zumo de limón (opcional).

Houjicha con bebida de soja

9 g de houjicha

50 ml de agua

160 ml de bebida de soja

1 pizca de canela molida

chile rojo en polvo (opcional)

1 cucharadita de miel

granos de trigo sarraceno

Calienta el houjicha y el agua a fuego medio en una cazuela pequeña hasta que lleguen a ebullición. Reduce el fuego, añade la bebida de soja y la canela, y deja hervir a fuego bajo 3 minutos. Cuela la bebida sobre una taza y esparce un poco de chile rojo en polvo por encima. Añade la miel y los granos de trigo sarraceno.

Umesho-bancha

4 g de bancha (té verde)

200 ml de agua hirviendo

1 umeboshi

1 cucharadita de salsa de soja

1 cucharadita de jengibre, rallado y exprimido para el jugo

Introduce el bancha en una tetera. Vierte el agua hirviendo e infusiona 30 segundos a 1 minuto. Deposita el umeboshi en una taza, añade la salsa de soja y el jugo del jengibre y, finalmente, el té.

El bancha es un té verde cuyas hojas se cosechan más tarde que las del sencha. Por eso, las hojas de bancha son más grandes y contienen menos cafeína, pero son más ricas en minerales. Es bastante suave.

Esta receta se considera un remedio contra el reuma y la fatiga. Mi madre la preparaba cuando me resfriaba.

Anko

VEGANO

(PASTA DULCE DE ALUBIAS ROJAS)

あんこ

Salen 490 g de anko
Preparación: 5 min
Cocción: 1 h 15 min

250 g de alubias rojas azuki
240 g de azúcar sin refinar
1 pizca de sal

Lava las alubias azuki y mételas en una olla con 4 veces su volumen en agua. Calienta a fuego medio y prolonga la cocción 15 minutos a partir de que el agua empiece a hervir. Escúrrelas en un colador y enjuágalas bajo un hilo de agua. Lava la olla y vuelve a meter las judías con 3 veces su volumen en agua. Lleva a ebullición, reduce el fuego a medio-bajo, retira la espuma y deja hervir a fuego muy lento 30 minutos. Asegúrate de que las judías queden sumergidas toda la cocción y, si es necesario, añade más agua. Comprueba el punto de cocción al cabo de los 30 minutos: coge una alubia y aplástala con los dedos. Si se chafa con facilidad, está hecha. De lo contrario, prolonga la cocción. Escúrrelas con ayuda de un colador y reserva el agua de cocción en un bol.

Deja reposar el agua de cocción unos minutos, hasta que se separe del almidón. Entonces, desecha el agua con cuidado, para conservar el almidón depositado en el fondo del bol. Vuelve a meter el almidón en la cazuela con las alubias cocidas.

Añade el azúcar a la olla y cuece 30 minutos a fuego medio-bajo. La superficie debe temblar ligeramente durante toda la acción. Remueve las alubias con una espátula con regularidad, tocando el fondo de la cazuela. Al cabo de unos 30 minutos, el líquido se habrá evaporado por completo y deberías ver el fondo de la cazuela al remover las alubias. La preparación se endurecerá un poco cuando se enfríe. Detén la cocción cuando obtengas una consistencia semejante a la de la crema de castañas. Añade la sal y remueve bien. Deja enfriar el anko en la olla y luego pásalo a un recipiente y tápalo con papel film en contacto con la pasta.

El anko se conservará 3-4 días en un recipiente hermético en el frigorífico y 1 mes en el congelador (divídelo en raciones individuales y envuélvelas en papel film).

*Este anko se elabora con alubias enteras y se llama tsubu-an (*tsubu *significa 'grano'). El koshi-an ('anko filtrado', en japonés) es liso, porque la preparación se filtra para retirar la piel de las alubias.*

Dorayakis

どら焼き

Salen 4 dorayakis
Preparación: 10 min
Reposo: 30 min
Cocción: 20 min

80 g de harina de trigo

½ cucharadita de levadura química

1 huevo

40 g de azúcar sin refinar

½ cucharada de miel

1 cucharada de mirin

40 ml de bebida de soja

160 g de anko tsubu-an o koshi-an (p. 224)

aceite vegetal neutro

Mezcla en un bol la harina y la levadura tamizadas. Casca el huevo en una ensaladera y añade el azúcar, la miel, el mirin y la bebida de soja. Remueve bien con una batidora de varillas manual. Añade la harina y la levadura, y remueve bien. Cubre y deja reposar 30 minutos en el frigorífico.

Calienta una sartén a fuego medio. Cuando esté muy caliente, pinta el fondo con un poco de aceite y seca el exceso con papel de cocina. Reduce a fuego bajo. Vierte un cucharón de masa en la sartén y deja que se extienda hasta que forme un disco de unos 8 cm de diámetro. Si quieres obtener un círculo bien redondo, no muevas el cucharón mientras viertas la masa. Cuece unos 2 minutos, hasta que aparezcan pequeñas burbujas en toda la superficie. Da la vuelta al disco y cuece entre 30 segundos y 1 minuto. Repite la operación hasta que ya no quede masa, obtendrás 8 tortitas. Deja que se enfríen. Luego, unta 40 g de anko en 4 tortitas y tapa con las tortitas limpias.

Daifukus de fresa

(MOCHIS RELLENOS)

VEGANO

苺
大
福

Salen 4 daifukus
Preparación: 35 min
Cocción: 12 min

Relleno

4 fresas

120 g de anko (pasta dulce de alubias rojas, p. 224)

Masa de mochis

70 g de harina de arroz glutinoso*

75 g de agua

10 g de azúcar rubio

Moldeado

fécula de patata o de maíz

**La receta no sale bien con harina de arroz normal. Encontrarás harina de arroz glutinoso en tiendas de alimentación asiáticas o japonesas (con el nombre de «mochiko» o «shiratamako» en japonés)*

Prepara el relleno. Lava las fresas, sécalas y quítales el rabillo. Humedécete las manos y forma 4 bolitas de anko. Aplánalas para formar 4 tortitas, dispón una fresa en el centro de cada una y cierra las tortitas para envolver las fresas.

Prepara la masa de mochi. Remueve bien la harina de arroz glutinoso y el agua en un bol que quepa en el cesto para cocer al vapor. Añade el azúcar y remueve bien. Prepara el cesto para cocer al vapor, calienta agua, pon el bol en el cesto y cuece 12 minutos a fuego vivo. Al final de la cocción, retira el bol del cesto. Amasa la masa con una espátula de silicona mientras aún esté caliente. Al principio te costará un poco, pero se volverá elástica al cabo de 1 minuto.

Enharina generosamente con fécula de patata una superficie de trabajo limpia. Deposita la masa de mochi encima de la superficie enharinada y cúbrela bien de fécula. Asegúrate de tener siempre fécula en las manos, porque la masa se quedará pegada a cualquier superficie no cubierta de fécula. Corta la masa en 4 trozos. Aplana cada uno de ellos y forma 4 discos. Retira el exceso de fécula de la palma de la mano. Deposita una bolita de anko y de fresa en el centro de cada disco de masa de mochi. Cierra la masa sobre la bolita y pinza los extremos para que quede bien sellada. Da la vuelta a los daifukus y preséntalos con la cara del cierre hacia abajo.

Consúmelos el mismo día.

COCCIÓN DE LA MASA DE MOCHI EN EL MICROONDAS

Mete la preparación en un bol de vidrio y tápalo con papel film. Cuece 2 minutos a 600 W. Remueve bien la masa con ayuda de una espátula de silicona. Cuece 2 minutos más y remueve bien.

Shiratama dango

VEGANO

(BOLITAS DE ARROZ GLUTINOSO)

白玉団子

4 raciones
Preparación: 10 min
Cocción: 10 min

Bolitas de shiratama

120 g de shiratamako (arroz glutinoso en polvo)

1 cucharada de azúcar rubio

120 ml de agua

Mezcla en un bol el shiratamako y el azúcar. Añade 80 ml de agua y amasa con la mano. Añade los 40 ml de agua restantes poco a poco, sin dejar de amasar. Forma bolitas de 1,5-2 cm de diámetro y hazlas rodar entre las palmas de la mano. Presiona ligeramente el centro de las bolitas para que se cuezan de manera uniforme.

Sumerge las bolitas en una olla de agua hirviendo y espera a que asciendan a las superficie. Pasa las bolitas a un bol de agua helada para detener la cocción. Escúrrelas.

Shiratama con sésamo negro

6 cucharadas de semillas de sésamo negro

5 cucharadas de azúcar sin refinar

1 pizca de sal

Muele las semillas de sésamo negro en un mortero o en un robot de cocina. Mézclalas con el azúcar y la sal. Espolvorea los shiratamas con esta mezcla de azúcar y semillas.

Shiratama con sopa de azuki

400 g de anko (pasta dulce de alubias rojas, p. 224) o de tsubu-an comercial (anko con alubias enteras)

200 ml de agua

la mitad de las bolitas de shiratama (izquierda)

azúcar sin refinar (opcional)

Diluye el anko en 200 ml de agua en una olla. Añade el azúcar si has decidido usarlo. Calienta a fuego bajo. Una vez que el agua empiece a temblar, añade las bolitas de shiratama y cuécelas 2 minutos.

Sirve la sopa en boles individuales con cuchara.

Soba manjyu

VEGANO

(PANECILLO DULCE DE TRIGO SARRACENO)

蕎麦饅頭

Salen 6 panecillos
Preparación: 15 min
Cocción: 10 min

- 250 g de anko (pasta dulce de alubias rojas, p. 224) o de tsubu-an comercial (anko con alubias enteras) o de koshi-an (anko liso)
- 50 ml de agua
- 70 g de azúcar sin refinar
- ½ cucharadita de levadura química
- 50 g de harina de trigo
- 50 g de harina de trigo sarraceno

Separa el anko en seis partes y forma bolas.

Disuelve el azúcar en agua en una ensaladera. Añade la levadura química y las harinas, y remueve. Enharina la superficie de trabajo. Separa la masa en 6 trozos. Forma bolitas y aplánalas de modo que obtengas 6 tortitas.

Dispón una bola de anko en el centro de cada una y vuelve a cerrar las tortitas para envolverlas. Da la vuelta a las bolas, para que la parte cerrada quede abajo. Depositalas sobre cuadrados de papel de horno más grandes que el diámetro de la bola.

Prepara el cesto para cocer al vapor, introduce los panecillos con su papel y cuece al vapor 10 minutos a fuego vivo.

Buñuelos de okara

VEGANO

CON SÉSAMO

胡麻とおからのドーナッツ

4 raciones
Preparación: 20 min
Cocción: 15 min

- 100 g de okara (p. 141)
- 15 g de aceite vegetal neutro
- 20 g de bebida de soja
- 1 cucharada de semillas de chía + 3 cucharadas de agua (o 1 huevo)
- 100 g de harina de trigo
- 1 cucharadita de levadura química
- 60 g de azúcar

Moldeado y cocción

- 2 cucharadas de semillas de sésamo (blanco tostado o negro)
- aceite vegetal neutro
- aceite para freír

Pon las semillas de chía en remojo en agua (o en huevo, si no eres vegano) unos 2 minutos, para que se hinchen.

En otro bol, deposita la okara, el aceite y la bebida de soja. Remueve con una espátula. Añade las semillas de chía y remueve. Añade la harina, la levadura química y el azúcar. Remueve.

Úntate de aceite la palma de las manos y moldea 12 bolitas. Vuelca las semillas de sésamo en un plato y haz rodar sobre ellas las bolitas, para rebozarlas.

En una sartén, calienta aceite para freír a la altura de las bolitas hasta que alcance los 120 °C. Deposita las bolitas en el aceite caliente y sube el fuego poco a poco hasta que la temperatura ascienda a 160 °C. La superficie de los buñuelos se abrirá como si «sonrieran». Sube la temperatura aún más, hasta los 180 °C, y fríe los buñuelos dándoles la vuelta de vez en cuando para que se doren en toda su superficie. Escúrrelos antes de servir.

Karintou

VEGANO

CON AZÚCAR NEGRO Y CACAHUETES (GALLETA JAPONESA)

ピーナッツかりんとう

4 raciones
Preparación: 15 min
Reposo: 30 min
Cocción: 10 min

- 60 g de harina de trigo
- 40 g de harina de trigo sarraceno
- 2 g de levadura química
- 20 g de azúcar sin refinar
- 40 ml de agua
- 2 cucharaditas de aceite para freír
- 20 g de cacahuetes, picados finos
- aceite para freír

Revestimiento

- 100 g de azúcar mascabado o azúcar negro de Amami
- 2 cucharadas de agua
- 20 g de cacahuetes, picados finos

Mezcla las harinas, la levadura química y el azúcar en una ensaladera. Añade el agua y el aceite, y remueve. Añade 20 g de cacahuetes picados y remueve bien con la mano, hasta que obtengas una masa lisa. Forma una bola, envuélvela en papel film y déjala reposar 30 minutos en el frigorífico.

Deposita la bola en una superficie de trabajo enharinada ligeramente para evitar que la masa se pegue. Separa la bola en 2 salchichas y aplánalas. Envuelve una de ellas en papel film, para que no se seque, y corta la otra en 30 trocitos. Hazlos rodar uno a uno con la mano y forma bastoncillos de unos 5-7 mm de diámetro (da igual que las longitudes varíen). Repite la operación con la segunda salchicha.

Vierte en una cazuela 2 cm de aceite para freír y caliéntalo a 170 °C. Fríe los bastoncillos unos 5 minutos o hasta que estén crujientes y las burbujas sean pequeñas y escasas. Escúrrelos sobre papel absorbente.

Vierte el azúcar negro y el agua en un cazo. Calienta a fuego medio sin dejar de remover para que el azúcar se funda. Cuando se haya fundido y el caramelo espese, añade los karintous y los cacahuetes. Remueve. Saca las galletas del cazo y deja que se sequen sobre papel de horno o sobre la superficie de trabajo.

Jengibre confitado

VEGANO

生姜の砂糖漬け

4 raciones
Preparación: 15 min
Reposo: 4 días
Cocción: 30 min

- 100 g de jengibre asiático
- 60 g de azúcar rubio + 2 cucharadas (decoración)
- 100 ml de agua
- 30 g de miel vegana o sirope de arce o agave
- 1 cucharada de zumo de limón

Pela el jengibre y córtalo en rodajas muy finas (idealmente, de 1-2 mm de grosor). Cuécelo en una olla de agua hirviendo 5 minutos. Cuélalo y conserva el agua de cocción. Vuelve a meter el jengibre en la olla, añade el azúcar y deja reposar 30 minutos. Vierte el agua y la miel vegana o el sirope de arce, y calienta a fuego medio. Una vez rompa a hervir, reduce a fuego bajo y deja hervir así 20-25 minutos. Añade el zumo de limón. Escurre el jengibre y conserva el sirope. Vuelve a meter el jengibre en la olla y caliéntalo poco a poco 1 minuto, sin dejar de remover hasta que se evapore el resto del sirope (¡no dejes que el jengibre se queme!).

Dispón el jengibre sobre un zaru o papel de horno. Déjalo secar 1 día a temperatura ambiente o 30 minutos en un horno a 100 °C y sobre papel de horno. Esparce azúcar por encima. Deja secar 2-3 días más a temperatura ambiente. El jengibre confitado se conservará 1 mes en un recipiente a temperatura ambiente.

TRUCO

El agua de la primera cocción del jengibre está muy buena. La bebo caliente o fría, mezclada con miel. Usa el sirope de la segunda cocción para endulzar un yogur o perfumar cerveza (receta de cerveza de jengibre en la p. 216) u otras bebidas.

Kuzukiri

VEGANO

(PASTA DE KUZU CON SIROPE DE AZÚCAR NEGRO)

葛きり

4 raciones
Preparación: 30 min
Cocción: 10 min

Kuromitsu (salsa de azúcar negro)

120 g de azúcar mascabado o azúcar negro de Amami

80 g de azúcar sin refinar

½ cucharadita de salsa de soja

100 ml de agua

Kuzukiri

40 g de kuzu (fécula, en tiendas de alimentación bio) o de arrurruz en polvo

130 ml de agua

Acabado (opcional)

matcha en polvo

jengibre confitado (p. 238)

Utensilio

1 bandeja de 20 × 15 cm

Prepara el kuromitsu. Diluye los azúcares en el agua a fuego bajo, sin dejar de remover. Retira la espuma. Añade la salsa de soja, remueve y retira del fuego. Deja que se enfríe del todo.

Lleva agua a ebullición en una cazuela lo bastante grande como para sumergir íntegramente la bandeja de 20 × 15 cm. En un bol, mezcla la fécula de kuzu y el agua. Filtra la mezcla y vierte la mitad sobre la bandeja. Deposita con cuidado y con ayuda de unas pinzas la bandeja sobre el agua hirviendo y mantén a fuego bajo. Deja que flote 1-2 minutos o hasta que la superficie se solidifique y la mezcla se vuelva algo translúcida. Inclina ligeramente la bandeja para comprobar que la mezcla no se mueva y sumerge la bandeja completamente en el agua. Al cabo de unos 2-3 minutos, cuando la mezcla se haya vuelto del todo transparente, saca la bandeja del agua y sumérgela en un recipiente grande lleno de agua helada. Cuando el kuzukiri se haya enfriado, desliza una espátula por debajo de los bordes de la bandeja y despégalo con cuidado. Repite la operación con la masa de kuzu restante.

Deposita las placas de kuzukiri sobre una superficie de trabajo y córtalas en láminas de 1,5 × 20 cm. Dispón las láminas en 4 boles individuales y vierte encima el kuromitsu. Justo antes de servir, espolvorea por encima matcha en polvo y jengibre confitado.

Gelatina de agar-agar

VEGANO

Y LIMÓN

レモンゼリー

4 raciones
Preparación: 15 min
Cocción: 4 min
Reposo: 1 h

- 2 limones ecológicos
- 500 ml de agua
- 50 g de azúcar rubio
- 30 g de miel
- 3 g de agar-agar

Corta los limones por la mitad y vacíalos. Conserva las cáscaras como si fueran cuencos y recorta las bases de las cáscaras para dotarlas de estabilidad.

Mezcla en un bol la miel y el zumo de 1 limón. Vierte el agua en un cazo y añade el azúcar y el agar-agar. Remueve bien, calienta a fuego medio y lleva a ebullición. Reduce a fuego medio-bajo y cuece 2 minutos, sin dejar de remover. Retira del fuego y añade el zumo de limón y la miel poco a poco y sin dejar de remover. Vierte la mezcla en las mitades de limón vacías. Reserva al menos 1 hora en el frigorífico.

VARIANTES

Sustituye el limón por otros cítricos (naranja, mandarina, pomelo...).

Yokan

VEGANO

(BLOQUE DE ALUBIAS ROJAS Y FRUTOS SECOS)

ドライフルーツ蒸し羊羹

Salen 2 barras
Preparación: 30 min
Reposo: 15 min
Cocción: 20 min

- 300 g de anko (pasta dulce de alubias rojas, p. 224)
- 25 g de harina de trigo
- 6 g de fécula de patata o de maíz
- 30 ml de agua
- 20 g de uvas pasas secas
- 8 g de nueces, picadas en trozos grandes
- 2 higos, cortados por la mitad
- 6 castañas precocidas en agua

Utensilios

4 hojas de bambú (en tiendas de alimentación asiática grandes) o 4 hojas de papel de horno de 30 × 20 cm + cordel de cocina

Pon las hojas de bambú en remojo 15 minutos, para que se ablanden. Deshilacha con cuidado los bordes de las hojas (1 cm) y sepáralas delicadamente. Harán las veces de cordel.

Deposita en un bol el anko, la harina y la fécula tamizadas. Remueve bien con una espátula. Vierte el agua y remueve bien. Añade las uvas pasas y las nueces. Separa la masa en dos mitades.

Moldeado en las hojas de bambú: coloca una hoja delante de ti, con el lado largo paralelo al borde de la superficie de trabajo. En el centro de la hoja, y dejando un borde de 1 cm por arriba y por debajo, extiende ⅔ de la primera mitad de la masa, con un grosor de 1,5 cm. Dispón encima la mitad de los higos y de las castañas y tapa con el resto de la mitad de la masa. Pon otra hoja encima, presiona los bordes superior e inferior para centrar la masa y evitar que se desborde por los lados durante la cocción. Pliega los dos lados largos el uno sobre el otro, en dirección al centro, y cierra atando los cordeles alrededor del bloque.

Moldeado en papel de horno: coloca una hoja delante de ti, con el lado largo paralelo al borde de la superficie de trabajo. En el centro de la parte inferior de la hoja, y dejando un borde de 2 cm delante de ti, extiende ⅔ de la primera mitad de la masa, con un grosor de 1,5 cm y en un rectángulo de 14 × 5 cm (por lo que quedan 8 cm de papel libres alrededor de todos los lados de la masa). Dispón encima la mitad de los higos y de las castañas, y tapa con el resto de la mitad de la masa. Pon otra hoja encima, pliega 2 cm del borde hacia arriba y haz rodar las dos hojas y la masa hacia arriba, hasta el final. Dobla los bordes el uno sobre el otro hacia el centro y ata el bloque como si fuera un paquete, para cerrarlo.

Repite la operación con la segunda mitad de la masa. Dispón las hojas enrolladas en el cesto para cocción al vapor y cuécelas 20 minutos a fuego medio-alto. Espera a que los bloques se enfríen por completo antes de consumirlos. Se conservarán hasta 3-4 días en el frigorífico.

Kohakutou

VEGANO

(CARAMELO JAPONÉS)

琥
珀
糖

Salen 500 g de caramelo
Preparación: 30 min
Reposo: 3 días
Cocción: 10 min

- 200 ml de agua
- 5 g de agar-agar en polvo
- 300 g de azúcar rubio
- colorantes naturales de distintos colores (líquidos o en polvo, diluidos en 1 cucharadita de agua) o 1-2 cucharaditas de zumo de fruta o de sirope

Disuelve completamente el agar-agar en agua en un cazo pequeño. Calienta a fuego medio y lleva a ebullición. Cuece 2 minutos más, removiendo con una espátula. Añade el azúcar sin dejar de remover. Al cabo de unos 5 minutos, la textura habrá espesado y el líquido caerá con lentitud cuando levantes la espátula. Vierte la preparación en un recipiente plano de aproximadamente 15 × 20 cm.

Vierte unas gotas de colorante sobre la superficie del agar-agar espesado y remueve bien. (Para la fotografía, he usado 2 cucharaditas de zumo de arándanos.) Puedes hacerlo más divertido y entretenerte en añadir distintos colores, uno al lado de otro, y mezclarlos con un palillo para producir un efecto marmolado; infusionar té en el agua para preparar caramelos de té; decorar los caramelos con flores de cerezo (p. 116, desala las flores 2 minutos en agua y sécalas con cuidado). Reserva en el frigorífico 1 hora.

Pasa la punta de un cuchillo alrededor de los bordes del kohakutou y desmóldalo sobre una superficie de trabajo cubierta de papel de horno. ¡Esta es la segunda fase divertida! Corta caramelos de las formas que prefieras (cuadrados, triángulos, tallados como piedras preciosas o joyas o rómpelos con las manos). Ponlos a secar 2-3 días a temperatura ambiente. Al principio, la superficie será completamente transparente y al cabo de un día empezará a cristalizar. El exterior se volverá crujiente, pero el interior conservará la textura gelificada.

La elaboración es sencilla y divertida, y el resultado final es tan bonito como delicioso.

Bizcocho de nueces al vapor

VEGANO

黒糖蒸しパン

4 raciones
Preparación: 10 min
Cocción: 25 min

- 120 g de harina de trigo
- 5 g de levadura química
- 60 g de azúcar tipo mascabado
- 100 g de bebida de soja
- 2 cucharadas de aceite vegetal neutro
- 20 g de vinagre de arroz
- 20 g de una mezcla de nueces y avellanas picadas en trozos grandes y de semillas de sésamo blancas y negras

Lleva agua a ebullición para la cocción al vapor. Forra con papel de horno el interior de un cesto de bambú para cocer al vapor de 15 cm de diámetro o un molde redondo del mismo diámetro (en este caso, necesitarás también una vaporera).

Mezcla la harina, la levadura y el azúcar. Añade la bebida de soja y mezcla bien. Incorpora el aceite, remueve. Añade el vinagre, remueve. Vierte la masa en el cesto de bambú o en el molde. Esparce las nueces y avellanas y las semillas de sésamo por encima. Cuece 20-25 minutos. Comprueba el punto de cocción con ayuda de una brocheta: si sale limpia, el bizcocho está hecho. De lo contrario, prolonga la cocción en intervalos de 2 minutos.

Castella

(BIZCOCHO JAPONÉS)

カステラ

6 raciones
Preparación: 40 min
Cocción: 1 h
Reposo: 2 días

- 4 huevos
- 95 g de azúcar rubio
- 2 cucharadas de miel
- 2 cucharadas de mirin
- 110 g de harina de trigo blanca T65
- 4 cucharadas de matcha en polvo
- 2 cucharadas de azúcar moreno en cristales gruesos

Forra un molde cuadrado con papel de horno y esparce los cristales de azúcar moreno por el fondo.

Bate los huevos y el azúcar rubio en un bol grande. Deposita el bol sobre un recipiente lleno de agua a 60 °C y bate con una batidora eléctrica a mínima potencia. Retira el bol del agua caliente cuando la mezcla se haya calentado (40-42 °C). Sigue batiendo, ahora a velocidad alta, hasta que la masa se vuelva blanca y adquiera firmeza. Cuando alces la batidora, los picos han de quedar adheridos y luego caer como cintas.

Diluye la miel y el mirin en un bol en remojo en el agua caliente. Viértelos en la masa de huevos y azúcar, y bate 1 minuto a velocidad alta. Tamiza la harina y el matcha en la preparación y bate 1 minuto a velocidad baja.

Precalienta el horno a 170 °C. Vierte la preparación en el molde y déjalo caer con cuidado varias veces sobre la superficie de trabajo para eliminar las burbujas de aire. Hornea 15 minutos, baja la temperatura a 140 °C y prolonga la cocción 40-45 minutos más. Cuando lo saques del horno, golpea con cuidado varias veces el fondo del molde sobre la superficie de trabajo para evitar que el castella baje.

Cubre el bizcocho con papel film y pon un plato o una bandeja sobre el molde. Dale la vuelta, para desmoldarlo, y envuelve inmediatamente el bizcocho en el papel film. Deja reposar 1 día a temperatura ambiente y luego 1 día en el frigorífico, para que el castella adquiera una textura húmeda y esponjosa.

Para servir, corta el castella por la mitad y luego en rodajas de 3 cm.

付録

ANEXOS

Los ingredientes

食材

Aceite de sésamo tostado

Intenta encontrar aceite japonés o coreano, porque el chino acostumbra a ser demasiado fuerte para la cocina japonesa. Si no lo encuentras, diluye el aceite chino en un aceite vegetal neutro (50/50).

Alga kombu seca

Es indispensable en la cocina japonesa. La encontrarás en las tiendas de alimentación japonesa, pero también puedes comprar alga kombu bretona (véase el reportaje de la p. 59). El alga kombu japonesa aporta más umami a la hora de elaborar el dashi, mientras que la bretona aporta un sabor agradablemente yodado.

Alga wakame fresca salada (izquierda) y seca (derecha)

Antes de usarla, hay que desalarla o rehidratarla siguiendo las instrucciones del fabricante. Por lo general, el peso del alga wakame fresca salada se duplica o triplica después del remojo, mientras que el del alga wakame seca se multiplica por diez. Atención: no compres nunca alga wakame francesa en escamas, no se adapta a la cocina japonesa.

Anko

Es una pasta dulce elaborada con alubia roja azuki. Los hay de dos tipos: tsubu-an (alubias enteras) y koshian (pasta filtrada y alisada). Si te gustan los postres japoneses, este es el ingrediente más habitual.

Chuka men

Son fideos importados de China para elaborar platos chino-japoneses, como los ramen. Son más amarillos que los fideos japoneses y contienen carbonato de sodio o carbonato de potasio. Si no los encuentras, usa pasta italiana y añade 1 cucharada de bicarbonato sódico por cada litro de agua de cocción.

Curri japonés en polvo

Lo puedes sustituir por curri en polvo clásico, pero, si lo encuentras, el sabor del plato será más auténtico.

Jengibre

Se trata de una planta muy apreciada en Japón. Tiene propiedades antisépticas y se suele degustar marinado (gari) con el sushi. Ahora es muy fácil encontrarlo en las tiendas de alimentación japonesa o bio. En Japón, el jengibre es suave y de pulpa clara. El de pulpa amarilla tiene un sabor más intenso, así que atención a las dosis.

Katsuobushi

Es bonito seco y fermentado. Al igual que el alga kombu, es un ingrediente indispensable en la cocina japonesa, por ejemplo, para preparar el dashi.

Kuzu

Esta fécula es un ingrediente muy preciado en Japón. En postres y platos o como aglutinante, aporta una textura agradablemente untuosa. Se considera al kuzu un medicamento que calienta y nutre al cuerpo. Se puede sustituir por fécula de arrurruz (en tiendas de alimentación bio), aunque el kuzu es más sabroso.

Mirin

Es un alcohol de arroz dulce y aporta a los platos dulzor y umami. Opta por el hon-mirin, el mirin de verdad, elaborado con koji, shochu y arroz glutinoso (aproximadamente 14 % de alcohol). Evita los productos llamados mirin-fu ('como el mirin'), que se fabrican con sirope de glucosa y alcohol (10-11 %). Lo puedes sustituir por 1 cucharada de sake por cada cucharadita de azúcar sin refinar.

Mostaza y wasabi en polvo

Los prefiero en polvo a los productos en tubo. Dilúyelos en una pequeña cantidad de agua para obtener una textura pastosa.

Rábano blanco, o daikon

Es un rábano suave con un contenido en agua muy elevado. El daikon rallado se usa mucho como guarnición, porque facilita la digestión (y porque está muy bueno, claro).

Sake

Hay sake para beber y sake para cocinar. Compra sake para beber, porque es más barato que el de cocina, que se importa de Japón y puede contener azúcar, sal, glutamato... ¡muchísimos aditivos inútiles! Si no, usa vino de Jerez o un vino blanco muy seco.

Salsa de ostras

Es un ingrediente chino, pero en Japón se usa con mucha frecuencia para elaborar platos chino-japoneses.

Salsa de soja

Utilizo la marca Lima para mis platos cotidianos. Es ecológica, se elabora siguiendo los pasos de fermentación tradicionales y no es cara. Si puedes, evita las grandes marcas comerciales y muy baratas.

Setas shiitake frescas

Es la seta más habitual y más apreciada en Japón. Tiene un sabor rico y delicado, y cada vez veo más setas shiitake frescas. Si no las encuentras, sustitúyelas por champiñones Portobello o por setas de ostra.

Setas shiitake secas

Se utilizan para aportar sabor umami al plato. No se pueden sustituir por setas shiitake frescas, porque las secas tienen un contenido en vitamina D treinta veces superior, son más ricas en ácido fólico y en fibra, y aportan 10 veces más umami.

Somen

Fideos de trigo muy finos.

Umeboshi

El umeboshi es una ciruela salada. Lima vende umeboshis auténticos. Por desgracia, y sorprendentemente, es muy difícil encontrar umeboshis verdaderos, sin aditivos ni potenciadores de sabor.

Vinagre de arroz

Lo encontrarás en tiendas de alimentación bio o asiática. Presta atención, porque también hay vinagre de arroz tailandés bio, pero su sabor es mucho más intenso que el del vinagre de arroz japonés. Lo puedes sustituir por otros vinagres de cereales (tiendas de alimentación japonesa).

Los utensilios

調
理
道
具

Estos son los utensilios que traje de Japón, y hace diez años, si no más, que uso la mayoría de ellos. Aunque no son indispensables para cocinar platos japoneses, tenerlos te facilitará mucho las cosas. Encontrarás utensilios de calidad en tiendas de productos japoneses o en internet.

Colador de malla fina

La malla fina permite escurrir bien los ingredientes. Es indispensable (y mucho más útil que los coladores de orificios más gruesos) a la hora de escurrir fideos o arroz.

Cuchillo Petty Knife

Este cuchillo, que lleva mi nombre grabado en la hoja, fue un regalo de cumpleaños de mi padre. Es más bien pequeño (la hoja mide 15 cm) y resulta muy fácil de manipular, sobre todo si se tienen manos pequeñas, porque es ligero. Permite cortar la verdura en juliana con facilidad, así como filetear pescados pequeños con precisión. Siempre lo llevo conmigo adondequiera que viajo.

Escurridor para fritos

Si quieres que los alimentos fritos queden crujientes, es importante dejar que se escurran en una rejilla o una bandeja para que se aireen y eliminen el exceso de aceite.

Espumadera

Es muy útil para retirar la espuma, recuperar trocitos de fritura en el aceite o diluir el miso en la sopa.

Makisu

Es la esterilla para enrollar makis. Sin ella, es dificilísimo. La encontrarás en internet y en tiendas de alimentación asiáticas.

Menbou

Es el rodillo con el que se estira la pasta para fideos. Merece la pena que te hagas con uno si tienes intención de hacer fideos udon caseros. Aunque lo puedes sustituir por un rodillo de pastelero, el menbou es mucho más fácil de manipular y también mucho más preciso.

Palillos largos

Puedo cocinar sin espátula, sin tenedor y sin cuchara, pero no sin palillos. Hago de todo con ellos: sujetar ingredientes, remover, dar la vuelta, pinchar para comprobar el punto de cocción… Se suelen usar palillos específicos para cocinar, más largos y finos en la punta, porque se nota menos el calor y son más precisos. De todos modos, los palillos normales de bambú o de madera sin tratar te servirán igualmente. Si estás acostumbrado a comer con palillos, prueba a cocinar con ellos. ¡Verás lo prácticos que son!

Rallador japonés grande

Te lo recomiendo. Es muy fácil de usar y permite rallar rápidamente una amplia variedad de verduras, por ejemplo, patatas.

Rallador japonés pequeño

Es indispensable para rallar el jengibre, el ajo o el wasabi.

Sartén de hierro honda

No soy muy aficionada a las sartenes con revestimiento antiadherente. Al cabo de algunos años de uso, la superficie se desconcha y hay que tirarlas. Las sartenes de hierro necesitan más cuidados y atención al principio, pero, a cambio, tienen una vida útil muy larga y son fáciles de usar. En la mía, soaso, salteo, frío o guiso.

Surikogi y suribachi

Son el mortero y la mano de mortero japoneses. No son los primeros utensilios que deberías adquirir, pero son muy prácticos para picar semillas de sésamo, nueces, tofu e incluso patatas. ¡Y son preciosos!

Tabla de cortar

Va bien tener una tabla de cortar que no sea demasiado grande. Sí, es cierto que necesitarás una de gran tamaño si has de cortar muchas verduras o trozos grandes de carne o de pescado. Sin embargo, una tabla de 25 cm de largo bastará para la mayoría de las elaboraciones. Como es pequeña, es fácil de sacar, de limpiar y de guardar.

Vaporera de bambú

Es indispensable para cocinar al vapor y se usa en muchísimas recetas. Es fácil de encontrar en las tiendas de alimentación asiáticas. En casa no tengo microondas, pero nunca he necesitado uno, porque lo recaliento todo en la vaporera de bambú. El sabor es mucho mejor y resulta perfecta para recalentar arroz.

Yukihira-nabe

Es un cazo con mango y un pequeño pico para servir. Es en este cazo de 20 cm de diámetro y 8 cm de profundidad donde guiso o incluso frío mis preparaciones. En la cocina japonesa, abundan los platos que se cuecen en líquidos, y este cazo permite controlar con facilidad cuánto líquido queremos verter en el plato. Además, el mango permite manipularlo con mucha estabilidad.

Zaru

Es un colador de bambú plano y resulta muy práctico a la hora de secar ingredientes (como el pescado seco de la p. 170), escurrir verduras y fideos (como en el shiozuke de la p. 94) o servir alimentos en la mesa (como los fideos somen de la p. 34).

TABLA DE RECETAS

VEGANO

ÍNDICE ALFABÉTICO

RISOTTO

ROLLITOS DE PRIMAVERA

SAKE CALIENTE

SALAZÓN

SALMÓN

SALSA

SALSIFÍ

SALVADO DE ARROZ

SALVADO DE AVENA

SANGA

SARDINAS

SASHIMI

SÉSAMO

SÉSAMO NEGRO

SETAS

SETAS DE OSTRA

SETAS SHIITAKE

SOBA

SOJA

SOPAS

SUSHI

TÉ

TEMPURA

TOFU

TOMATES

TORTILLA

TORTITA

TORTITAS DE DESAYUNO

TRIGO SARRACENO

TSUKEMONO

TUPINAMBO

UDON

UMEBOSHI

VERDURAS

VERDURAS ASADAS

VINAGRE NEGRO

ZANAHORIA

AGRADECIMIENTOS

Quiero dar las gracias a mi madre y a mi abuela, que me han transmitido el placer de cocinar para otros. Gracias a vosotras (y también a mi padre, que cocina mucho para su familia, algo muy sorprendente en un hombre japonés de su generación) he aprendido a cocinar con pasión y con amor.

Gracias a Audrey y a Christine, por haberme ofrecido la fantástica oportunidad de crear este libro con vosotras. Gracias por haber escuchado siempre mis ideas. Gracias por vuestra paciencia y por vuestro respeto.

Gracias a Akiko, por haber vuelto a ser la fotógrafa de mi libro. Tu presencia y tu talento son una gran inspiración para mí y me proporcionan muchísima alegría. ¡Qué placer y qué alivio cada vez que me dices que te gustan mis recetas! Y muchas gracias también a Miyako, tu hija, por haber aceptado aparecer en el libro después de haber aparecido también en el libro anterior.

Gracias, Élise, por tu ayuda a la hora de redactar los textos. Sin ti, sin tu eficacia y sin tu precisión (y amabilidad), nunca habría conseguido escribir las recetas en francés.

Gracias a Sidonie y a Lina, del estudio Hic et Nunc, por vuestra capacidad de escucha y por el fantástico libro que habéis creado.

Y gracias a todas las personas que me han acogido durante los reportajes: a Anna-san, por tu recibimiento en el campo de Yasai, y a Jyuri-chan, por tu presencia; a Julie, de las algas bio HepKen, por haberme abierto las puertas del mundo de las algas bretonas; a Laëtitia, Timothée y todo el equipo de Algolesko, gracias por habernos mostrado vuestra producción de algas y por la pasión que nos transmitisteis; a Arnaud, del restaurante AC Le Levier, por habernos dado a probar vuestra inolvidable creación culinaria en torno a las algas; a *madame* Ogawa, Takako-san y Ophélie, de Suzu Tofu, por habernos acogido y mostrarnos los secretos de vuestro suculento tofu; a *madame* Hiruta y *monsieur* Miyataké, por haber compartido con nosotros vuestro profundo conocimiento y vuestra pasión por los utensilios de cocina japoneses de calidad.

Gracias a Yu, por las magníficas flores de cerezo.

Gracias, Fumi-chan y Ami-chan, por ser siempre, y siempre con pasión, mis *senseis* de la fermentación. Hugo, gracias por tu presencia, por tu ayuda y por tu paciencia. Gracias a ti, y para ti, no olvido jamás que cocinar es una alegría que me proporciona una felicidad inmensa.

Mae, hija mía, gracias por estar ahí con papá y por comer cada día los platos que preparo.

La edición original de esta obra ha sido publicada en Francia, en 2021 por Marabout, sello editorial de Hachette Livre, con el título

Cuisine Japonaise Maison

Traducción del francés
Montserrat Asensio

Av. Diagonal, 402 – 08037 Barcelona
www.cincotintas.com
@editorial_cincotintas

Primera edición: marzo de 2023
Tercera edición: abril de 2025

Impreso en China
Depósito legal: B 21216-2022
Código Thema: WBA
Cocinas general y recetas

ISBN 978-84-19043-16-0

FSC
www.fsc.org
MIXTO
Papel | Apoyando la silvicultura responsable
FSC® C104723